# 印度教的世界
## *Hinduism*

U0081623

宗教的世界 3

西貝兒‧夏塔克 *Cybelle Shattuck* 著

楊玫寧 譯

南華大學生死學研究所助理教授 何建興 導讀

# 總　序

　　今日的有識之士和學生，都需要對當前這個小而複雜的世界，建立整體性的認識。五十年前或許你還不把宗教當一回事。但是，今天我們旣已更加精明老練，就當看出宗教和意識型態不單形成了文明，更直接影響到國際事務。因此，值此即將進入廿一世紀之際，這幾本小書針對主要宗教提供了簡明、平衡，極具知識性的導引性介紹，其中一冊還介紹了當前宗教景況的變遷。

　　在今日，我們期望的不只是博學多聞，更盼能由當前這許多南轅北轍且極度複雜的宗教生活與信仰中，得到啓迪。這幾本極具見解且易讀的宗教簡介書，便可以帶你探索各中的豐富內涵——了解它的歷史、它的信仰和行事之道，同時也抓住它對現代世界的影響。這些書籍是由一組優秀且相當年輕的學者所寫成，他們代表了宗教學術領域裡新一代的作家。這些作者在放眼宗教的政治與歷史性影響之餘，也致力於以一種新鮮而有趣的方式來展現宗教的靈性層面。所以，不管你是只對某一信仰的描述性知識感興趣，還是有心探索其中的屬靈信息，都將會發現這些簡介極具價值。

　　這些書著重的是現代這個時期，因爲所有宗教都不可避免地因著過去兩百多年的創傷性經驗，而產生了變化。殖民主義、工業化、國家主義、宗教復興、新宗教、世界戰爭、革命，和社會轉型，豈僅影響到了信仰，更從中攫取了宗教和反宗教的勢力來重塑我們的世界。在過去二十五年裡，現代科技——由波音七四七到全球網路——在在都讓我們這個

地球顯得益形微小。就連月亮的魔力都難逃科技的捕捉。我們也將在這些書裡遇見一些當代的人物，以為過去這幾百年裡諸多改變的實例。同時，每本書都對宗教的不同向度（其教導、文學、組織、儀式，和經驗）提供了有價值的意見。在觸及這些特色時，每冊書都設法為該做成全面包容性的介紹，以幫助你了解隸屬某一特定信仰所具的意義。正如一美國原住民的諺語所言：「未能設身處地經歷別人的經驗以前，別遽下斷語。」

為了幫助你做此探索之旅，書裡還包括了好些有用的參考輔助。每一本書都收納了一份編年表、地圖、字彙集、發音指南、節慶表、加註的書單，和索引。精挑細選的圖片提供了宗教藝術、符號，和當前宗教儀式的範例。焦點方塊則更進一步的探索了信仰和某些藝術層面間的關係——不論是繪畫、雕刻、建築、文學、舞蹈，或音樂。

我希望各位會覺得這些介紹既有意思且具啟發性。簡潔應是機智之魂——它也成為我們初試此一文化與靈性主題介紹時最為需要的。

加州大學比較宗教系教授
尼南·史馬特
Ninian Smart
1998年於聖塔芭芭拉

# 作者序

　　我成長於北加州，適逢南亞的宗教觀念融入流行文化之時。許多友人的父母親修練靜觀冥想，並爲他們的子女報名基督教青年會（YMCA）的瑜珈班。這種對亞洲宗教的興趣一直持續不墜，而今印度教的許多名詞已成爲常見的字彙。大多數的美國人熟悉譬如投胎轉世（reincarnation）、精神導師（guru）和眞言（mantra）等字彙。事實上，此種語彙已非常通俗，近日南加州的聯合公路（United Way）告示牌甚且保證慈善捐款將引生「善業」（good karma）。

　　然而，儘管接受這些語彙，大致了解它們的涵意，西方人眞正瞭解這些外來的觀念如何相應於印度教的廣大體系卻寥寥可數。我們只專注於典籍和哲學，這樣做不免無知於諸觀念的實際脈絡。本書之討論哲學觀念的歷史發展，僅僅是做爲考察印度教徒如何身體力行其傳統的出發點，以這種方式來提供所忽視的實際脈絡的通途。書中特別看重現代的宗教實踐，以及目前正塑造印度宗教生活的諸般因素。這種對現代的強調是引領我的印度教研究回到我最初接觸這傳統的地方。過去三十年間，移居北美洲和歐洲的南亞人大幅增加，如今在加州印度教寺廟林立，爲印度教習俗的全貌提供了一個窗口。印度教這個一度是遙遠和充滿異國風味的宗教，如今搖身一變成爲美國宗教社群的一部分，因此，我們更有必要去了解它。

　　我要在此感謝康恩＆金（Calmann & King）公司的編輯美拉妮·懷特（Melanie White）和戴美恩·湯普遜（Damian

Thompson)，謝謝他們耐心地編輯這本書，以及感謝尼南·史馬特的鼓勵。我對本文的審閱者深表感激，他們閱讀我的原稿並提出寶貴的潤飾意見，為最後的定稿增色不少。最後，我要感謝 Byron Earhart 就引言寫作所給予我的建議，以及感謝 Brian Wilson 鼎力支持整個寫作計畫。

西密西根大學亞洲宗教系講師
西貝兒·夏塔克
Cybelle Shattuck
1998.4

# 導　讀

　　南亞次大陸最南端的科摩林角（Cape Comorin）由於地理位置特殊且有座知名的印度教廟宇，每年總吸引無數的印度教徒來此朝聖。遠道來訪的信衆也不忘乘船到近海小島上的紀念館參觀。在一次回程裏，船身因浪湧澎湃而劇烈搖晃，這時候，船上一兩百位上年紀、互不相識的婦女卻不約而同，開始齊聲唱誦印度教聖歌以求神佑。對同船的一個異國遊子而言，這樣的情景不啻是令人難忘的經驗。

　　事實上，印度教徒不僅信教虔誠，而且將宗教融入於日常生活之中，時時如對神明，事事奉諸神明。這點正呼應西貝兒・夏塔克在《印度教的世界》一書中所強調，印度教「神聖者內存於世界之中」的信念——在這裏，自然世界、社會人文、家庭生活乃至個人修爲，都同神性秩序息息相關。與之相較，西方宗教的神聖者不冤超離而與人世懸隔，而受儒、道家影響的東亞或中國社會則不很強調宗教意義下的神聖性。另方面，印度教的宗教思想與實踐，可以說是處於西方與東亞宗教之間的一種中間型態。這意謂著，在東、西宗教間的比較與會通上，印度教其實是重要而不容忽視的一環。

　　不幸的是，長久以來我們一直無視於這宗教的存在，或視之爲某「髒亂」、「落後」地區褐膚人種的異國信仰，或訴諸種姓階級的罪惡而草率地蓋棺論定，以至在台灣我們甚至見不到一本專門介紹印度教的中文書籍。夏塔克的《印度教的世界》雖然只是一本小書，卻精確、持衡地提供吾人

不少古代與現代印度教的相關資訊，如遠古前印度教的印度河流域文明、吠陀神觀、《奧義書》思想、史詩、諸一神論信仰、印度教習俗、祭儀與慶典、近世印度教的興革與展望等等，為中文讀者打開觀看印度教之傳承與演變的一扇窗。作者不強調印度教宗教哲學的論述，而用過半的篇幅介紹現代印度教的實踐面，以及相關的宗教與社會改革運動。這使得書中傳統面的討論有不足之處，但對想了解現代印度教的讀者而言則頗有裨益。

印度教的歷史逾三千年，這期間流行於南亞語言、種族與風土互異的廣大地區，印度又未有過統一各方的朝代，加上印度教的寬容傾向，使得這宗教發展出相當繁複多樣的宗派、教義和習俗。印度教並沒有獨尊的經典或教諭，也無教會組織或嚴格的神職制度，甚至——依部分印度教學者之見——沒有所謂的「背教」或「異端」，它的眾多宗派充其量只具有「家族相似性」罷了。棄世與解脫的尋求、種姓階級的規定、對上神的信仰、甚至吠陀權威的承認等，都不能無例外地界定此一宗教。也因此像這樣一本小書更無法描繪出印度教的全貌，只能就其犖犖大者加以敘述，這是讀者們在覽閱本書前所應了解的。

不少現代印度教智識份子因而強調，印度教更像是一種文化或生活方式，而不是狹義的宗教。印度教與印度的風俗民情緊密相關，使它在古代超克了佛教的挑戰，在中世紀越過了伊斯蘭教的橫逆，成為現今印度五分之四人口所賴以獲得「心之祥和」的主流宗教。事實上，有信仰伊斯蘭教的印度學者指出，除了禮拜形式的差異以外，印度鄉村地區的伊斯蘭教幾乎同印度教無法區分。

另一方面，印度教的這種屬地主義，也使印度教難以像佛教那樣，成爲南亞以外許多地區民衆的宗教信仰。印度教文化對東南亞等地的影響自然無庸置疑，但是傳統印度教徒對印度土地、梵文乃至雅利安人種之神聖性的執著，也同樣不容否認。所以如本書所提及的，印度教是藉由在文化與種族上與印度母土難以割捨的印裔移民，而非透過傳教，才成爲世界性的宗教；這種屬地傾向多少會對它的全球性發展構成阻礙。不過，印度教的包容性、非教條性和它對以個人方式成就精神解脫的強調，仍可以深深吸引後現代世界的不確定心靈。

　　儘管面對西方文明與意識型態的衝擊，印度教徒一般仍深以其宗教與文化傳統爲傲。保守的國粹主義者聲稱，古代印度人已"擁有"諸如火車、飛機、核武等科技利器。開明的印度教智識份子則尋求棄除其宗教思想傳統中的死的成份，重新理解此傳統爲意義、價值之承繼與創新，並能同現代性積極互動的活過程。唯兩者都同意說，我人有必要將傳統和習俗區別開來，古代如階級制度和寡婦殉夫等惡質的社會習俗的存在，並不足以抹煞這傳統的種種價值。

　　相對於華人社會睥睨傳統的傾向，我們不免要問，爲什麼印度教徒對傳統的態度同華人的情況大相逕庭呢？除了英國長期殖民造成印度人的仇外心理以外，印度教徒長久以來對宗教崇高的精神理想的關注應是一項重要的因素；而維卡南達（Vivekananda）、泰戈爾、阿羅頻多（Aurobindo）及聖雄甘地等聖哲的相繼出現，更使印度教徒恢復其民族與宗教的自信心。另外，雖說印度人好以印度文化爲東方文化的代表，印度與西方思想、文化的差異（除了她的出世性格以外）

顯然不如中國與西方的差異來得大。因殖民教育而早識英文的印度教徒，在十九世紀初便開始有限度地接納西方思想文化以改革印度教傳統；但印度教智識份子並未有「全盤西化論」或「與傳統徹底決裂」的主張，反而在印、西傳統的對比研究下，突顯出印度教傳統思維的優越性。與之相反，中、西傳統的巨大差異造成會通或融合二者的困難，去此(中)就彼(西)便成爲一項具說服力的選擇。

印度在九〇年代初期開始經濟自由化，最近幾年且維持六％的經濟成長率。印度正試圖擺脫其貧窮、民生凋敝的國際形象。另方面，運用印度教徒的宗教情愫以擴張勢力的印度人民黨(BJP)及其同盟最近兩年聲勢再起，於三個月前的大選後成爲國會中居多數的執政團體(這是《印度教的世界》成書後的情況，未爲該書所論及)。這些政經現象會是塑形未來的印度教的重要因素。相較於迷信「進步」、「現代化」的台灣社會，印度人能否善爲結合傳統與現代化二者而在新的世紀脫穎而出，總是有趣而值得吾人密切注意的事。

我和同船的印度教婦人一樣，前往科摩林角外的小島參觀島上的維卡南達紀念館。西元一八九二年年底維卡南達游過鯊魚出沒的海峽抵達小島，完成他徒步朝聖全印度的壯舉；在那裡，他下定決心前往美國參加將於芝加哥舉行的世界宗教會議，藉由吠檀多教義的傳佈以換取改善印度物質條件的方法。翌年，他赴美參加該會議，並因儡人的感召力和精闢的演講而揚名國際；他成爲新印度教精神最具影響力的代言人，印度教也由於他的努力而名列世界五大宗教之一。維卡南達曾誓願拯救其時精神與物質都已頹圮不堪的印度，

而今，百年後的泰印度依舊有不少人三餐難以爲繼。儘管如此，我們仍很可以對有著深遠傳統的印度和印度教的未來抱持樂觀的態度。驕傲的印度人輕忽東亞文化是他們的問題，我們如果因經濟、民族、宗教等成見，而漠視印度教與印度文化則是我們自己的過失了。希望《印度教的世界》的出版能是吾人開始正視印度教的契機。

南華大學生死學研究所助理教授
何建興
1999.12

# 目　錄

# 印度教編年表

| 西元前 | 事件 |
|---|---|
| **史前及印度河谷文明** | |
| 約7000-6000BC | 印度河谷的早期農業。 |
| 約2500BC | 印度河岸出現都市文明。 |
| 約2300-2000BC | 印度河谷文明的高峰期。 |
| 約2000-1500BC | 印歐語系移民到歐洲、伊朗和印度。 |
| 約1900-1500BC | 印度河谷文明的沒落。 |
| **吠陀時期** | |
| 約1200-900BC | 《創作梨俱陀》(*Rig Veda*)、《夜柔吠陀》(*Yajur Veda*)、《沙摩吠陀》(*Sama Veda*)及《阿闥婆吠陀》(*Atharva Veda*)。 |
| 約1000-800BC | 創作《梵書》(*Brahmanas*)。 |
| 約900-600BC | 創作《森林書》(*Aranyakas*)。 |
| 約600-300BC | 創作《奧義書》(*Upanishads*)。 |
| 約563-483BC | 佛教創始人喬達摩·釋迦(佛陀)。 |
| 527BC | 耆那教最後一位聖者伐馬大摩那·大雄(Vardhamama Mahavira)去世。 |
| **史詩及古典時期** | |
| 約400BC-300AC | 編輯《摩訶婆羅多》(*Mahabharata*) |
| 324-185BC | 孔雀王朝(Mauryan Empire) |
| 約200BC-200AC | 編輯《羅摩衍那》(*Ramayana*) |
| 約200BC-200AC | 創作《摩笯法典》(Manu Smriti) |
| 約320-500 | 笈多王朝(Gupta Dynasty),印度古典時期。 |

| | |
|---|---|
| 約350-450 | 依斯婆爾·克里希納（Ishvarakrishna）的《數論》（*Samkhya Karika*）爲爲數論派經典。 |
| 約400-500 | 帕檀闍梨（Patanjali）的《瑜珈經》（*Yoga Sutra*）爲瑜珈派經典。 |
| 約400-1000 | 創作十八種往世書（Puranas） |
| 約500-900 | 阿羅婆爾（Alvars），南印度一群泰米爾文寫作的宗教詩人，信奉毘師孥神。 |
| 約500-1200 | 那耶那爾（Nayanars），南印度一群泰米爾文寫作的宗教詩人，信奉濕婆神。 |
| **中世紀時期** | |
| 約700 | 早期的怛特羅（Tantras）。 |
| 約788-820 | 不二一元論吠檀多（Advaita Vedanta）創始人商羯羅（Shankara）。 |
| 約1025-1137 | 限定不二一元論吠檀多（vishishta-advaita）創始人羅摩拏闍（Ramanuja）。 |
| 約1150 | 《艾拉馬瓦塔蘭》（*Iramavataram*），卡潘（*Kampan*）以泰米爾語譯註《羅摩衍那》。 |
| 1211-1526 | 伊期蘭的敎德里蘇丹王朝（Delhi Sultanate）統治北印度。 |
| 1290 | 《智納希瓦里》（*Jnaneshwari*），由智納希瓦·馬哈拉吉（Jnaneshwar Maharaj）以馬拉地語註釋的《薄伽梵歌》。 |
| 1440-1518 | 詩聖上比爾。 |
| 約1498-1518 | 詩聖及拉加斯（Rajasthani）的公主米拉貝（Mirabi）。 |
| 1485-1533 | 孟加拉詩聖柴坦亞（Chaitanya）。 |
| 1526-1757 | 蒙古人建立的伊期蘭敎蒙兀兒帝國，統治印度大部分地區。 |

| | |
|---|---|
| 1532-1623 | 《羅摩功行錄》(*Ramcharitmanas*)作者圖爾希達斯(Tulsi Das)以印度語寫成的《羅摩衍那》。 |
| **現代時期** | |
| 1772-1833 | 羅伊(Ram Mohan Roy)於西元一八二八年創立梵社(Brahmo Samaj)。 |
| 1781-1830 | 薩哈雅雅南德‧史瓦米(Sahajanand Swami)創立史瓦米拉揚教派(Swami Narayanan)。 |
| 1824-83 | 達耶南達‧薩拉史瓦提(Dayananda Sarasvati)於1875年創立雅安利社(Arya Samaj)。 |
| 1836-86 | 羅摩克里希納的生平。 |
| 1856-1920 | 提爾克(B‧G‧Tilek)生平。 |
| 1863-1902 | 聖者維卡南達(Vivekananda)於1897年創立羅摩克里希納傳道會(Ramakrishna Mission)。 |
| 1869-1948 | 聖雄甘地。 |
| 1893 | 芝加哥舉行世界宗教會議。 |
| 1947 | 印度脫離英國獨立建國,印度和巴基斯坦分裂。 |
| 1964 | 毗師拏印度教會建立。 |
| 1973 | 齊普科運動(Chipko Movement,草根力量) |
| 1976 | 美國賓州匹茲堡的文卡希拉寺(Shri Ven)落成。 |
| 1977 | 紐約法拉盛區甘內什寺(Ganesh Temple)落成。 |
| 1983 | 為犧牲的聯合行動。 |
| 1987-88 | 《羅摩衍那》和《摩訶婆羅多》電視剧播映。 |
| 1992 | 山比馬斯吉(Babri Masjid)清眞寺遭破壞。 |

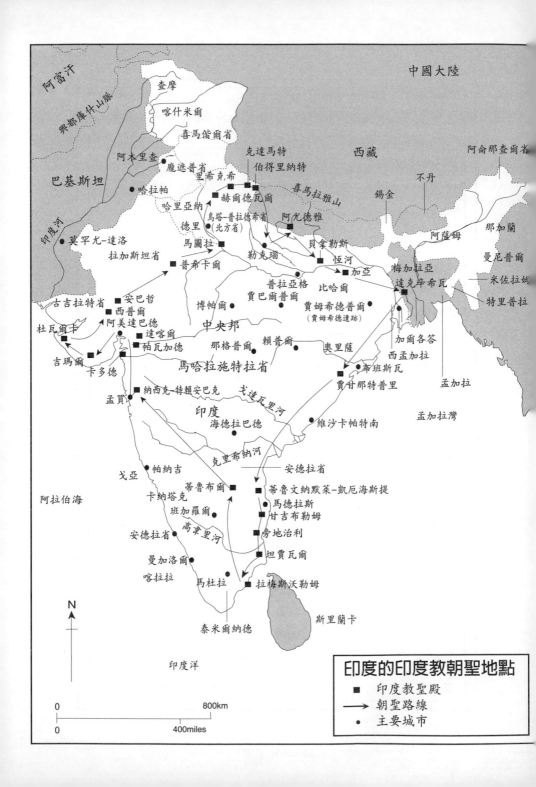

印度的印度教朝聖地點

■ 印度教聖殿
→ 朝聖路線
● 主要城市

# I 印度教與印度教徒簡介
## *Introduction to Hinduism and Hindus*

在西元一九八七年和一九八八年之間，兩部偉大的印度史詩《羅摩衍那》（Ramayana）和《摩訶婆羅多》（Mahabharata）被改編成電視連續劇，每個週日早上在全印度播映。電視播映這兩齣戲時，印度教徒群集在電視機前收看，那些家中沒有電視機的，則前往友人家中或是放置電視機供大眾觀看的公共場所。儘管這兩部連續劇是以印地語（Hindi）發音，那些不懂這話語的印度教徒仍不肯錯過。他們將觀看這兩齣神劇視為宗教盛事，一個經由電視這個「遠處的觀視」（dur-darshan；distant-vision）以擁有神的「觀視」（darshan）的良機。

在印度許多地方，每一次播映之前，觀眾會進行傳統的禮神儀式，將電視機冠上花圈，之前則擺著祭品。根據報紙報導，民眾對這兩齣神劇趨之若鶩，印度全國上下的工作為之停擺。這兩部史詩是以爭取世界秩序為主軸的錯綜複雜的故事。在《摩訶婆羅多》中，皇室家族的兩個支脈互相爭奪

印度(婆羅多；Bharata )的領導權。《羅摩衍那》是描述上主羅摩(Lord Rama )的故事，他必須征服惡魔拉瓦那(Ravana)以恢復世界和平。在兩部史詩中，世界秩序的維護仰賴諸神以具體的形象現身人世；這些故事詳述了神在人類歷史中的行動。它們也為教勸人類如何善度此生的神諭提供了說明。史詩的題材出現在印度教自我定位、宗教改革、社會改革和印度國家主義等種種討論中。因此，儘管這些故事約已歷時兩千年之久，它們仍與印度教世界的現世關懷相互應和。

　　《羅摩衍那》電視劇本刻劃印度教傳統的豐富多樣性，而創造出這史詩的現代的泛印度版本。這個故事最古老的編訂版為一古典梵文詩篇，約編輯於西元前二〇〇年至西元後二〇〇年間。之後，方言版的《羅摩衍那》也先後編寫成，包括卡潘(Kampan)的泰米爾語（Tamil)版本（9-12世紀)以及圖爾希達斯(Tulsi Das)在十六世紀以印地語改寫成的《羅摩功行錄》（Ramcharitwanos）。此一中世紀著作的袖珍版在二十世紀長踞印度暢銷書之列。每年在貝拿勒斯市(Benaras)盛大演出的羅摩戲劇(Ramnagar Ram Lila)即是以這書為腳本。儘管許多人目不識丁，印度全境街頭劇場的表演和職業說書者的說唱，使這部史詩成為印度家喻戶曉的故事。

　　演出《羅摩衍那》和《摩訶婆羅多》的慶典劇實即宗教活動；在印度教信仰中舞台劇獻演形同崇高實在（神）的一部分。獻演神劇時，神再次現身人間，就如同祂在原故事裡所表現的那般。參與慶典劇的演員和觀眾與神祇間有著即時的互動。同樣地，參加電視神劇演出的演員受尊崇為諸神的

這幅出自十九世紀一份《羅摩衍那》手稿的畫像中，羅摩王和弟弟羅拉希摩那將弓箭射入楞伽王惡魔羅波那的胸膛。

化身。導演覺得有必要要求所有拍攝人員不得有褻瀆的行為，他本人則戒煙、戒酒，並讓全體人員茹素。在《羅摩衍那》劇中飾演羅摩王的妻子息妲（Sita）的女演員，一度被看到在公共場所吸菸，曾於電視劇中看過她演出的一些觀衆紛紛告誡她說，息妲是淑女行爲的典範，絕不可以吸菸。在觀衆的心目中，演員與其飾演的角色是一體的，史詩中的諸神再度現身凡塵，爲芸芸衆生演出他們的故事。

這兩齣電視神劇的大受歡迎顯示出印度教的強盛活力。

沒有一部現代小說或電影曾在印度引起如此大的迴響。但電視這個傳播神話的新電子媒介也道出了印度教在現代世界的地位。古老的傳統順應新時代和新媒介。不同文化背景的人可以欣賞同一齣戲劇演出。這表演並非憑藉單一的敘事版本，而是訴諸既有傳統的廣大多樣性來創造出泛印度的《羅摩衍那》。新科技以及整一與多元的議題是現代印度教的力量。當我們知道不僅印度教發源和居主宰地位的南亞地區的人民觀賞《羅摩衍那》和《摩訶婆羅多》，其他亞洲、非洲、加勒比海、美國和歐洲地區的人也有志一同時，這力量就更加明顯。印度教徒如今散居全球各地，現代的印度教傳統是由南亞這塊——偉大的印度教神祇化身為人以成就史詩偉業的——土地上的人們，以及居住於他處的人們的經驗所共同塑造的。

## 印度教和印度教徒

印度教這個名詞是近代才有的，基本上為西方人用以指稱大多數印度人所信奉的宗教。僅有明顯為非印度教的團體，譬如耆那教徒、佛教徒、祆教徒、伊斯蘭教徒、猶太教徒和基督徒等，不包括在印度教之列。沿用此一外國名稱是出自一項事實，即南亞本土沒有與此宗教相應的字眼。南亞人通常根據本地的種姓階級和族群來界定他們自己；這些之中並沒有一部經、一個神或一宗教導師普遍地為人所接受，而可以說為是印度教的核心。然而，這個名詞本身的模糊性反而有可取之處，這是因為印度教（Hinduism）這名詞來自中世紀伊斯蘭教徒使用的 Hindu 這個字，意指居住在信度河（Sindu；印度河）週遭的人。它之後成為所有居住在印度

次大陸的人的通稱。因此，做為印度人本土宗教信仰的印度教涵蓋了發展於印度的大部分地方傳統。將本身界定為非印度教的宗教，譬如耆那教和佛教，必須開展鮮明的界限，以便同印度教區分開來。但印度教本身從未演變出如此清晰的界限，並且它在次大陸的種種宗教活動展現出豐富的地方色彩。印度教一詞的不定性反而很適合用來稱呼，印度約八〇％人口以及世界各地的印度僑社所傳承的複雜多樣的種種傳統。無論如何，有必要知道說，印度教是一個現代的語詞，而向過去回溯這樣的一個「印度的（Hindu）」宗教，無非是要用一人為的範疇以將現代印度教的根源同其他印度宗教區別開來。

# 法

　　法（Dharma）一字正如同沒有一個本土詞彙可以界定「印度教」，也沒有一個與西方的「宗教」概念相當的印度字詞來表達；也許最接近的字詞是意指律法、責任、正義和德性的 dharma。一如英文的「道德」（morality），它兼指行為方面的宗教義務與社會義務二者。這樣子，這語詞強調生活實踐或正確的行為，而這強調是印度教世界觀的核心。印度教為一強調行為甚於信仰的宗教。在印度教中，信仰、神祇、哲學思想和解脫之道繁複多樣，但這一切都要求人們信守某些行為準則。

　　要明瞭什麼構成了合於正法的行為，人必須先瞭解印度教的世界觀。這世界觀的一個基本信念是，神聖者內在於世界之中。自然世界、社會秩序和家庭生活無一不與神性息息相關。因此，無論是外在的世俗生活或是明顯的宗教活動，

所有行為均有宗教的意涵。這意味著個人在世界秩序的位置中受到「法」的影響。神聖者的內在性也使很多在西方傳統裡不具宗教意義的事物，諸如地點、對象、人群、時刻等，具有特殊的宗教意義。

## 多樣與統一

　　印度教已成為全球性的傳統；在南亞，它是印度和尼泊爾最主要的宗教，在斯里蘭卡是少數傳統，並且是少數巴基斯坦人和孟加拉人所信奉的宗教。在東南亞可見到少數印度教社群，尤以印尼的巴里島最為著稱，他們是中世紀時大批移民至此的印度人後裔。在新加坡和吉隆坡等都會中心印度教人口仍不斷增加中。亞洲之外的地區，在非洲東部和南部、波斯灣國家、斐濟島、南美洲的東北海岸、加勒比海地區、北美洲和歐洲等地，均有根深柢固的印度教社群。儘管已經全球化，印度教依舊無法切斷與南亞文化的關連，對印度教傳統的任何瞭解必須先自印度這塊土地開始。

　　冠上印度教這名詞的宗教信仰和實踐整體是歷史上最多元化的宗教之一。對一個歷經逾數千年有機演變和無數南亞人互動的傳統而言，這是一種很自然的情況。人類多樣性的豐富面貌在南亞次大陸的語言中表露無遺。印度有印歐語（Indo-European）、達羅毗荼語（Dravidian）、藏緬語（Tite-to-Burman)和澳亞語（Austro-Asiatic）四種不同的語系。印度政府認可的十七種官方語言均自此分出，其中每一種語言又有不計其數的方言，另外還有很多出自這四種語系的少數的、非官方的語言。北印度人和尼泊爾人說的是源自於梵語的種種印歐語言，包括印地語（Hindi）、馬拉提語

（Marathi）、孟加拉語（Bengali)和尼泊爾語（Nepali)等。泰
米爾語、泰盧固語（Telugu）、馬拉亞蘭語（Malayalam)和刊
納達語（Kannada)等四種屬於達羅毗荼語系，通行於印度南
部四個州。講另外兩種語系的印度人佔極少數。喜馬拉雅山
地區和加德滿都山谷等東北地區講藏緬語。澳亞語系今天依
舊是印度中部、東部和東北部部落族群所講的語言。

　　這些語言大多數與特定的地區有關連，這種地域性特色
是印度教的標誌之一，可謂南亞地理的一個副產品。南亞次
大陸在地理上分割的各個區域蘊育出各自不同的文化。喜馬
拉雅山山脈形成北部的邊界。這些山脈並未能阻擋移民潮，
尤其是來自西北方的移民。自西北方移入的人在北部的河流
流域附近定居，並與先前的居住者相互互動。隨著這些移民
逐漸向東移居，他們的文化也持續轉變。舉例來說，自西北
方移入印度的印歐部落的子孫當他們的足跡到達東部海岸
時，勢必產生一種相當不同的文化。因此，西北部和東北部
蘊育出不同的文化，儘管說每個地區所受到的種種影響仍有
類似的根源。

　　在南亞次大陸之內，各個地理文化也因適應不同的氣候
而呈現不同的風貌。在北部的平原地帶，人口聚集在可提供
農業資源的河川週遭地區；一個這樣的地區以西北部旁遮普
的河川為中心，另一個人口聚集地則以北方平原的恆河和閻
末那河為中心。如今印度在這些地區的大多數大城市也是印
度歷史上的神聖之都。喜馬拉雅山區則有著不同的地區文
化，當地的生活必須適應惡劣的環境；至於海岸地區，捕魚
成為人民日常糧食的另一項來源。溫迪亞（Vindhya)山脈將
印度分為南北兩個部分。在南印度，達羅毗荼語是主要語

系，德干高原以及沿岸的山區地帶有著特殊的地區文化。較之北部的平原地帶，南部的氣候適於不同的農產品和動物畜養型態。最後，在小型的「部落」（Tribe）族群之間也有進一步的文化差異性；這些部落多見於山區等邊緣地帶。

在每一個文化區域內，也可見到社會造成的多元化。四分之三的印度人仍過著鄉野生活，居住在農村中，以務農為主。但都市地區正日漸擴大，並且為傳統帶來巨大的衝擊。如今在城市中的中產階級人口已幾乎與全美國人口相等。這些住在城市且受過教育的中產階級人口，正在改變印度教的性格。更有甚者，他們對全球性的印度教（global Hinduism）產生巨大的影響，這是因為居住在世界其他地區的印度移民大多來自此一城市階級。

每一種南亞的地區文化均有其本身的語言、飲食、藝術、音樂、建築、神祇和禮儀。每一個地區的社會階級和婚姻制度各異。在一個地區內，當地的諸社區有它們自己的神祇、神話和傳統。一個村落的神祇與祭典到了別的地區或許不為人知。這是何以界定印度教是如此困難的原因，僅能說它是發展於印度而為多數印度人和尼泊爾人所信奉的宗教。

儘管這樣的多樣性，但仍可談論一概括性的印度教世界觀。諸神稱號和儀式解說或因地而異，但一個來自旁遮普邦（Punjab，位於西北部）的印度人，可以看著一個泰米爾納都邦（位於東南部）人為一不知名的神祇舉行他少有知悉的慶典，卻仍心生親切感。在接下來的篇幅中，本書將敘述在印度教這一「巨樹」的庇蔭下，各式各樣的傳統所共享的部分信仰和活動。

**註釋：**

①我們難以確定這兩部印度史詩（以及其他許多南亞經書）的完成年代。《羅摩衍那》的一個完整梵文版本在西元第1世紀之前完成，但它的核心故事可能要追溯至西元前第四世紀，甚至更早以前。

# 2 哲學基礎
*Philosophical Foundations*

印度教傳統的根源可回溯至印度最早期的文明。遷移至印度次大陸的各種民族的信仰和修持長期互動，以致於現代的傳統是數千年來的種種影響的混合物。我們握有兩個基本影響的資訊是印度河流域文明以及印歐雅利安文化，這兩者都對形成印度教的諸宗教傳統的發展厥有貢獻。

## 印度河流域文明

印度最早的文明稱為印度河流域文明，因為考古學家在印度河流域附近已發掘出一些大城市。所挖掘出的兩個最大城市為莫罕鳩達洛（Mohenjo Daro）和哈拉帕（Harappa）。印度河文化自大約西元前二五〇〇年（儘管其源頭可追溯至新石器時期，約7000-6000BC）開始發展，而約在西元前二三〇〇至二〇〇〇年之間達到高峰。在那段時期，它與美索不達米亞之間已有貿易往來。這時的印度河文化涵蓋極廣。成

熟的印度河文明考古證據已於逾一千五百個地點發現，範圍
從東邊的恆河與閻末那河上流流域，到位於西邊的伊朗邊
境，南方則達於古加拉特邦（Gujarat）海岸。印度河流域文
化自西元前一九〇〇年開始沒落，至西元前一五〇〇年滅
亡。

　　印度河流域的城市有相當完善的規模，莫罕鳩達洛和哈
拉帕各居住了四萬名左右的居民。這些城市均是依棋盤式規
劃而構築，住宅區的劃分似乎取決於居民的職業。複雜的水
渠技術為大多數的住家提供了下水道系統及水井。大型的貯
槽可能是中央共浴區。大型的倉庫顯示當時穀物是主要的經
濟來源，與遠古時期的美索畢達米亞相類似。印度河流域的
人們已有書寫文字，在一些出土的小陶章上可找到相關例
證，但這些文字仍未經解讀，因此有關印度河流域文明的大
多數理論都導衍自考古證據。

　　有數項證據顯示此時的宗教儀式與後來在南亞傳統中所
看到的相似。首先，有很多肥臀豐乳、有複雜頭飾的婦女的
赤陶彫像。學者推斷此人形可能是與人類和農產豐饒有關的
女神。第二，陶章上有動物的形象，有些是眞實的動物，有
些則屬神話性質。有一個陶章描繪一個人站在菩提樹中，一
群人似乎在下位膜拜他。這些可能是後來禮拜某些樹木和動
物的先驅。還有一些印章顯示可能探瑜珈（yoga）坐姿的人
形。最後，面積龐大的水池或可顯示，這初期文明的人們已
關心沐浴和禮儀的純淨。

## 早期的吠陀時代

　　約在西元前二〇〇〇年到一五〇〇年之間，中亞人民展

開大規模的遷徙，其中有些人在西歐和北歐地區落腳，其他人南遷以及東移至伊朗，再到印度。後者自稱為雅利安人（Aryans），此一名詞後來在印度成為某些社會階級的稱謂。由於這些分佈範圍遼闊的移民彼此間的古老連繫，印度人、伊朗人和歐洲人均屬於印歐語系家族；梵文、波斯文、拉丁文和它們的的現代衍生語都彼此關連。

印歐移民遷移至印度的西北部，之後再遷徙至恆河流域，印度河流域文明的後裔也定居在恆河沿岸。雅利安人成為主宰北印度的勢力，他們的影響也逐漸擴及於南部。經過長久時間，本土的農業社會制度與移民者的文化相互融合終而產生了印度古典文明。①

印歐人是一支遊牧民族，他們的宗教傳統具有移動性。當他們定居印度時，也引進了梵文這一神聖的語文、多神信仰、以火祭為中心的宗教行儀和階層化的社會結構。

■《吠陀經》

印度最古老的宗教著作是印歐梵文的經典《吠陀經》（*The Vedas*）。「吠陀」（Veda）這個字的意思是知識，而《吠陀經》已涵蓋了進行神聖的火祭所需要的資料。這些《吠陀經》編著的確切年代已不可考，但學者們認為它們是西元前一五○○年至六○○年之間完成的。吠陀聖典是經由口述相傳而保存下來的。祭司家庭將經冊代代相傳，利用詳細的助憶系統，將它們精確地保存下來。

狹義的《吠陀經》指有關祭儀的四部**本集**（samhitas）。《梨俱吠陀本集》（*Rig Veda Samhita*）包括十卷諸神的讚歌，每一卷均由負責保存讚歌之祭司家庭中的聖者編著完成。這些讚歌由祭司在火祭中誦唸。《沙摩吠陀本集》

（*Sama Veda Samhita*）是以《梨俱吠陀》為基的詩冊，附有如何吟唱的說明。《夜柔吠陀》（*Yajur Veda*）是收集祭祀禮儀中使用的短篇散文和**偈頌**（mantras）。《阿闥婆吠陀》（*Atharva Veda*）包含讚歌和咒言，其中有許多與祭禮無關，而與日常生活相關連。這一部經典是最後增添的，且與前三部經典的地位不同，此一情況使學者們認為《阿闥婆吠陀》可能反映了通俗的、非雅利安的習俗，而不是祭司的傳統。《阿闥婆吠陀》記載了許多日常生活裡有關治療疾病、降魔禁咒和防範蛇咬的咒言。

每一部吠陀「本集」均另有三種附本，廣義的《吠陀經》涵蓋所有這些經書。第一部關於儀式註解的附本稱為《**梵書**》（*Brahmanas*），描述宗教禮儀的規則並解說它們的目的和意義。第二種附錄稱為《森林書》（Aranyakas），因為根據傳統，它們是由獨居的聖者們在森林中完成的。《森林書》主要補充《梵書》不足之處，專注於先前的經典沒有詳細討論的禮儀。它們也強調通曉這些儀式之意義的重要性，其方式是描述執行祭儀者憑著這樣的知識所可獲得的額外好處。最後的附本是《**奧義書**》（*Upanishads*），它藉由解釋禮儀的真正的本質和意義來發展《森林書》的觀念，此時智識關懷重心已由儀式轉向至知識。《奧義書》是《吠陀經》最後的附本，完成的時間可能介於西元前六〇〇年至三〇〇年之間。

儘管《吠陀經》受尊崇為聖典，現代印度人中精熟這些經典的人寥寥可數。少數幾首讚歌定期在寺廟和家中祭儀中為人吟誦。但這些經典主要是祭儀手冊，且其中大部分內容僅有祭司和學者會研習。儘管如此，它們在印度的傳統中有

無比的權威。《吠陀經》被認爲是古代的聖者所聽聞到的天啓(shruti)，它們所蘊含的知識是超凡、永恆的。古代聖者在冥想時爲這知識所啓示。某些有神論學派視此等經典爲上神的啓示，但其他學派則以爲它們並無作者。它們是永恆存在的知識，而**吠陀仙人**(rishis；觀者)則能「觀見」這些知識，並將它們傳授予他人。

## ■眾神殿

《吠陀經》詠誦的諸神形成一與自然和文化力量相連結的衆神殿。舉例而言，太陽、月亮、地界、天空、風、和黑夜各有代表的神祇。也有代表如戰爭、醫療和禮儀等文化領域的神祇和女神。這些**神祇**(deva)可根據祂們在宇宙三界(即天界、空界和地界)的位置而粗略地分類。

天界中甚具重要地位的神是司法神──婆盧那(Varuna)，是**律則**(rita)之主。律則是混亂的反義字，而婆盧那是維持正義和防範宇宙陷入混亂的神。混亂和秩序間的對立是《吠陀經》及之後的印度宗教的主題。婆盧那常與黑夜之神彌陀羅(Mitra；友人神)一起出現。彌陀羅也是社會契約之主。祂們共同代表宇宙和社會的秩序。

空界諸神中最著名的是因陀羅(Indra)，這位戰神與雷雨有關。尤其是在較早期的吠陀偈頌中，因陀羅是諸神的領袖，而與當時的戰爭文化相契合。因陀羅的功勳在於征服使雅利安人得以居住的土地和降服他們的敵人。因陀羅最著名的神話是說祂殺死一條象徵混亂的蛇，並洩下天界的水。當雅利安人定居下來以後，這位戰神便逐漸失去其昔日威名。

在地界，最著名的神祇是火神阿耆尼(Agni)，火祭所用蘇摩飲料是神格化的蘇摩神(Soma)，以及祭司的守護神

吠陀眾神像中的恆河女神，常見
於印度藝術和禮儀中，其女性氣
質為聖樹和聖河的象徵。

祈禱主（Brihaspati）。所有這些神祇都直接與火祭有關，祂
們是人類和上界諸神間的連絡者。祈禱主是祭祀禮儀的仲裁
人，而蘇摩神則是祭祀時不可或缺的神。但既是火神也是火
本身的阿耆尼則是祭祀的媒介。阿耆尼以煙將供品帶至天

界，也將亡者帶到死神閻摩（Yama）的國度。

令人印象深刻的是，吠陀讚歌傾向於以相似的字眼稱呼諸神。譬如說，一首稱頌阿耆尼的讚歌可能讚譽祂是至高無上的神，但其他的讚歌也會以相同讚美之詞稱頌因陀羅。某些讚歌甚至將一個神比做另一個神，如說：「噢，阿耆尼！你是因陀羅。」這些詞句似乎是讚揚之詞，但它們也使諸神的角色和身份缺乏穩定性，而使遽受喜愛的神祇輕易取代古老的神祇。因此，吠陀眾神殿裡的成員和階位得以不斷地更迭。

■火　祭

火祭是人類與諸神溝通的媒介。這項祭儀起初可能只是邀請神前來參加慶典的宴神祭。供品置於火中，由火神阿耆尼送到諸神面前。隨著時間的演變，火祭變得更加繁複，日益重要。乃至後來人們相信，祭儀中的錯誤可能會破壞宇宙的秩序而使宇宙陷入一片混亂。

火祭有兩種：天啟祭（shrauta，即以吠陀為本）是公共祭儀；家庭祭（grihya）是家族內部的祭儀。家庭祭僅需一火爐並且可由家中成員充當祭司以行祭儀。這些儀式的目的在於獲得人世物質性的酬報，譬如健康、長壽、傳宗接代和以牲畜來衡量的財富等。家裡每天以調理好的食物置於家火處做為供品，晨時獻給火神阿耆尼和創造神生主（Prajapati），暮時則獻給太陽神（Surya）和生主。家庭祭也用來慶祝新月和滿月、年中的季節、首次收成以及諸如新屋建造、生兒子、孩子成長的重要階段等。即使像婚禮等由一位祭司執行的儀式，家庭仍在這些於家火處舉行的慶典。

理所當然地，天啟祭較為繁複。天啟祭不用家火，而是

有三個爐火和幾位祭師，每一位祭司各司其職。首先必須構築火壇。這些儀式並沒有永遠的神聖場所，這當然反映出印歐移民早期的游牧生活方式。火壇的位置根據羅盤針方位而定，並採圓形、半圓形和方形等造型。通常火壇以砂、泥土、石塊和木塊建成，隆起於地面，火壇的形狀標識火的類別。圓形的火壇表示地界，方形的火壇表示具四方位的空界，半圓形的火壇表示地界與天界之間的大氣。隨著這些儀式愈加繁雜，便開始雇用數名祭司，一名祭司負責吟詠《梨俱吠陀》讚歌，另一名祭司吟唱《沙摩吠陀》頌歌，第三名祭司負責獻上祭品和傾倒供物，第四名祭司監督儀式的進行以確保沒有任何人為疏失。這些祭儀通常以祭拜阿耆尼和蘇摩神為主，將牛奶、清奶油、蔬菜餅、牲禮、或是蘇摩莖等供品投入火中，以為神明享用。

■創生和祭祀

　　由於祭儀的重要性與日俱增，與禮儀有關的諸神逐漸取代較早的吠陀讚歌的神祇。此一情形尤以阿耆尼最為顯著。一首讚歌稱阿耆尼為因陀羅，毘師孥（Vishnu）、祈禱主（Brahmanaspati）、婆盧那和彌陀羅等，說祂是一切諸神。做為諸神的信使，人類與神祇間的溝通橋樑，阿耆尼神格化了祭儀的力量。另一位因與祭儀有關而升格的神是瓦曲（Vach），語言神格化所成的女神。在《梵書》中她是與創生和祭儀有關的女神。有一個故事說，諸神因仰仗她的幫助才得藉儀式以維持世界並產生恩惠、生命以及彼等諸神的永生。倘若沒有語言女神，就沒有祭儀中的讚歌或祈詞，也因而沒有祭儀的力量。

　　祭祀的力量體現於祭祀的聲音，即祭司吟誦出的吠陀讚

歌。這種力量稱爲**梵**(brahman)，而掌握這些力量的祭司稱做**婆羅門**(brahmana 或 brahmin；與梵有關者)。這稱呼意指他們對祭儀話語中之梵力的知識與運用。慢慢地，祭禮中的語言，神化爲女神瓦曲，被視爲是全宇宙的基石。祭祀之聲的力量如此巨大，以致咸信諸神自身已先行奉祀，才能達到祂們在天國的地位。諸神能洞視事物的眞蘊——梵的力量。但這也意味著諸神不再是至高無上的，祂們不再有崇高的權力。祂們是宇宙現象的一部分，而非源初的創造者。諸神地位與角色的**轉變**是印度教宇宙觀改變的一部分。

言語的力量說明了宇宙的種種現象，但並沒有說明它的根源。諸神不再受讚頌爲造物主，因爲祂們已被視爲是創生的一部分。因此，後期的讚歌對創生過程一問題表示不解。《梨俱吠陀》第十卷第一二九讚歌直接探討創生本源的問題，強調諸神無法知曉眞理，因爲祂們在宇宙創生之後才出現。這讚歌問道：「那麼誰知道創生的起源？」最後的偈頌說，僅有那從至高天界俯視一切者才知道，但說不定連祂也不知道。

儘管聖者們不確知誰是創生者或何物推動創造，他們卻知道創生是如何完成的。部分讚歌以神匠(《梨俱吠陀》卷10-81)、鑄鐵匠(《梨俱吠陀》卷10-72)或一個宇宙的胚胎(《梨俱吠陀》10-121)爲創造者。但在所有讚歌中，創造過程的模型是火祭。此一祭儀是全宇宙的基石，因爲宇宙源自祭祀。著名的〈原人讚歌〉(Purusha Sukta；《梨俱吠陀》卷10-90)已闡明此點。此一讚歌分成兩個基本部分，第一部分描述宇宙人或是**原人**(Purusha)，指出原人與宇宙同爲一體。

原人有千頭、千眼和千足。祂遍滿宇宙種種側面，
仍有十指超乎宇宙之上。

原人本身就是宇宙，已成者和當來者。祂統領（諸
神的）不死界，藉食物而越乎其上。

這是原人的偉大面；但祂比這個還偉大。祂的四分
之一是所有存在物，四分之三是天國中的永恆世界。
（《梨俱吠陀》卷10-90，1-3）


在這段落中，原人就是宇宙全體。原人的四分之一構成
了受造萬物的現象界，餘四分之三則形成不朽的上界。

〈原人讚歌〉的第二部分描述原人的奉祀，並且不厭其
煩地說明奉祀的身體和宇宙特徵之間的種種關連。在此，祭
祀同時是宇宙的動力和實質。原人的心生出了月亮、祂的眼
睛生出了太陽、祂的呼吸生出了風、祂的肚臍生出了大氣、
祂的足部生出了大地、祂的耳朵生出了方向。原人和宇宙間
的關連也延伸至人類社會。婆羅門說是出自於原人的嘴巴，
而統治階層**剎希利**（rajanya，稍後稱為 kshatriya）來自祂的
手臂。祂的大腿生出**吠舍**（vaishyas），此字的字面意義為
人，而指稱工匠、商人和農人。祂的足部生出侍僕階級的**首
陀羅**（shudras）。〈原人讚歌〉首次列出四個種姓階級，後
者成為後來印度社會與宗教法規的基礎。前述的關連似乎恣
意無理，但宇宙、自然界、人類社會和祭祀為實在之平行序
列這概念，成為日後之印度宗教傳統的基石。

# 《 奧義書 》的哲學思辨

逐漸地，與祭祀相關的神聖知識開始內在化，祭儀擴大至心性活動，在此，思想取代了實際的行為。聖哲教示說，人要以知識為主，不要拘泥於外在的祭儀。《 森林書 》反映出隱居在山林間的聖者的教誨，將祭祀的傳統寓言化。此一祭儀的內在化強調個人的重要性，個人是心靈儀式的媒介，他與祭司一般，冥思祭儀的意義並且獲得神聖的知識。這種對於宗教實踐和知識的重新解讀也出現在《 奧義書 》中。《 奧義書 》反應一個充滿哲學思辨的時代，這個時代也誕生了佛教和耆那教。學校老師將哲學觀念傳授給學生，且參與大型的公開討論。聖者們不分男女參與公開的討論會，交流思想，相互論辯。《 奧義書 》的大部分內容為學者間的論辯和師生間的對話。

## ■梵與我

此時期最重大的一個論題為宇宙的本質。在《 吠陀經 》後期，聖哲認為萬物皆源自一絕對者（Absolute）。舉凡食物、言語，呼吸或者造物者都能挑起太一（the One）的聯想。但經過一段時間，大梵超越了這一切。早在《 阿闥婆吠陀 》時期，部分讚歌即已界定梵為聖語和祭儀的力量，開始以之為宇宙的原理。舉例而言，梵（大梵）是「所有存在和不存在者的子宮」（1.4.1），而在另一讚歌中，大地、天空和大氣均是梵所建立（10.2.25）。這些經文所了解的梵已非《 吠陀經 》對梵的定義，即做為聖語和祭儀的力量，而是宇宙之終極而根本的本質。**梵**（Brahman）即意著彼絕對者。

在《 奧義書 》中，大梵超越了所有吠陀諸神。稍早的吠

陀經典已依諸神的存在仰賴創造一點，否定了祂們的至高無上。諸神的存在在創造之後，且惟有經由祭儀才獲得力量與不死。而至高的地位如今屬於梵，後者在某些書裡被構想為至高神，而在其他書中則作為人格的絕對者。《大林間奧義書》（*Brihadaranyaka Upanishad*, Ⅲ.9.1.9）的一段文字似乎將諸神視同大梵的種種力量。在此，聖哲祀皮衣（Yajnavalkya）被問及宇宙間有多少神。他答覆說有三三〇六個。當再度被問到究竟有多少神時，他表示有三三位。這答問過程持續到他答覆說僅有一個神為止。之後，他將太一定義為大梵。

在這個段落裡用以指稱大梵的字是「線我」（sutra-atman），這我如一條縷線般穿過宇宙，這個大梵的名稱強調它有如宇宙根本織理的角色。但大梵也稱為「內在的控制者」（antaryamin），而存在於萬物之內。《奧義書》窮其力探討大梵外在的、宇宙的面向和它稱為我（atman，或自我；自性）的內在面向間的關係。我即是存在於每一個人之中的真我，是萬物萬象永恆且純粹的本質。描述大梵與真我關係最知名的段落之一是希維塔克圖（Shvetaketu）和他的父親在《唱贊奧義書》（*Chandogya Upanishad*, 6.12-13）中的對話。

希維塔克圖被告以敲開樹的種子且描述他所看到的。他什麼也沒看見。但他的父親指出，他看不到的種子具有精微的本質，可以生長成一棵大樹。全世界的我均有這一精微本質。之後，這位父親要他的兒子將鹽溶於水中並且教導他說鹽在水中溶解後雖然看不見，卻遍佈水中而與水不分離，大梵之遍滿個人也是同一道理。存在於個人中的大梵稱為我。

此一教誨以「汝即彼」（tat tvam asi）一語標示之，在此，汝指的是自我，而彼就是大梵。

## ■輪迴和業

個人的、不朽的我與宇宙大梵一致的概念，改變了宗教儀式的內容和目標。在早期的吠陀讚歌中，祭儀的目的是為了取得諸神的庇祐，以確保俗世生活美滿，以及在死後平安進入天堂。但在《奧義書》中，諸神不再至高無上，祂們天堂的居所也不再是永恆不滅的最後目標。在這個時期內，個人單一俗世生涯的信念為生死循環的**輪迴**（Samsara）制度取代。根據這制度，人在死後會進入天堂或是地獄，取決於他活在世間時的功德而定，之後，經過一段時間，人會再次降生世間。

規範這系統的機制稱為**業**（karman），其字面意義是行為。每一行為必然產生一個結果。因此，一個人此世行為的結果決定了他死後的經歷，以及他在轉世後的生命型態。因此，即使一個人在世時似乎沒有獲得所有應得的報酬或懲罰，他在未來仍將獲得公平的對待。

停止轉世輪迴的唯一之道是**解脫**（moksha）的獲得。解脫可經由知識達成。當一個人徹悟大梵的本質，並因而了悟個人自我的真實本質，即不再有業的累積，個人也就不再轉世重生。《奧義書》清楚闡釋這種解脫智慧之別於吠陀的古老智慧，後者被形容為「較低知識」，只不過是尋求大梵的「較高知識」的預備功夫。

取得此一可帶來解脫的較高知識需要無比的努力。瑜珈（yoga）即是為臻及解脫所發展出來的訓練。瑜珈這個字源自梵文字根 yuj（軛合、結合、控制），意指苦行和冥想的訓

練，以獲致一般人意識所達不到的知識。瑜珈包括道德、身體和心靈的鍛鍊，因為在做到控制和集中心識以達到較高知識之前，必須先要控制身體。瑜珈這個字首見於《羯陀奧義書》(Katha Upanishad)，那裡它意指感官的控制。瑜珈與心意的控制雙管齊下，可使修行者進入最高境界②。在《羯陀奧義書》(1‧3‧3-9)中，死神閻摩以戰車比擬人類的狀況：人的身體像是戰車，感官是馬匹，自我是馭者。正如馭者駕御他的馬匹，一個人也應該控制他的感官。

控制身體和軛合心靈以獲得解脫一論題出現在大部分的印度宗教傳統中。發展這種修行系統的苦行者稱為沙門(shramanas)，這些人希望藉由刻苦的生活和冥想求得解脫。他們過著簡單的生活，拋棄家庭和財產，以求出離俗世。佛教、耆那教和印度教的僧團都來自這樣的棄世者的傳統。

《瑜珈經》(*Yoga Sutra*)描述了印度教瑜珈修持的古典形式，據傳聞帕檀闍梨(Patanjali)是《瑜珈經》的作者，時代在西元四〇〇年至五〇〇年之間。帕檀闍梨將瑜珈定義為散亂之心識活動的中止，這可由以下的步驟達到。起始的步驟教導透過**非暴力**(ahimsa)、真實無妄、禁慾、潔淨、苦行和學習等修持而來的倫理的、個人的和社會的行為。其次是逐步鍛鍊軀體的控制，以致外在世界和肉身不再吸引瑜珈修行者(yogin)，這需要特定的坐姿、呼吸控制和感官的內攝不外逐。一旦身體和感官獲得控制，瑜珈修行者即能進入冥想的深層境界，直到他達到超越的心識狀態，即可獲得解脫。

最後的成就基本上有如數論派(Samkhya)形上體系所描

述之創生過程的倒轉，此派的哲學與《瑜珈經》甚有關連。數論派哲學肯認兩項基本原理：**靜止的意識**（purusha；靈我）與**原始物質**（prakriti；原質）。這兩項原理完全不相連繫。原質有三種**質性**（gunas）：純性（sattva）、動性（rajas）和惰性（tamas）。靈我與原質太接近時，這些質性的均勢便受到干擾。結果是，原質發展出構成宇宙的種種要素。這種創生展開的模型也是回溯創生過程之路。在藉由身體控制以提升性靈之後，瑜珈行者得瞭解到人世間的種種現象不過是原質的呈現，而靜止的意識（靈我）完全脫離物質界。瑜珈行者了解二者間的分野後就不會受三種質性的影響。一旦三種質性不再發生作用，原質重新回到它的原始平衡狀態，原質與靈我再度彼此隔離。

宇宙創生源自於前述兩種原理之互動觀點，也見於其他的印度傳統中。有關這兩項原理的描述和它們之間的關係已有所轉變，但這兩項原理在創生過程中扮演要角的見解不斷出現，對為純性、動性和惰性三種質性所統馭的宇宙描述已成為大部分印度哲學的一環。後來的傳統為了兼容並蓄其他的信念，對古老的宇宙觀作了擴大解釋，但覺悟意指個人對自我與宇宙的真正本質有所了解的觀念依舊不變。透過瑜珈鍛鍊，一個人能夠回溯創生的過程，獲得更高層次的知識，瑜珈因此在南亞諸傳統中占有重要的地位。

### ■種姓階級與住期之法

要汲取可資臻及解脫的知識需要投注大量的時間和精力。這當然不適合每一個人。事實上，僅有少數人能窮其生命以追尋解脫。對其他人而言，重要的是正確的行為，它將換得此生的順遂福樂以獲得較佳的來生。在稱為**種姓階級與**

住期之法〔varnashrama-dharma；合於**種姓階級**(varna)與**住期**(ashrama，人生階段)的義務〕的系統中，對於何者構成正確行為有詳細的陳述。

　　早期吠陀經文讚歌中所描述的四個社會階級，已明顯涵蓋種姓階級制度的基本概念。但這個將社會分為四種階層的制度——祭司與統治者、戰士與藝匠、商人以及農民和僕役，只不過是一個遠較複雜的社會階層的意識型態框架。在這四種社會階級中，還發展出許多**種姓群**(jatis)，這些群體由互不通婚的社群所構成，大多數社群有各自的職業。種姓群包括織工、木匠、榨油工人、冶金匠、鑄銀匠、錫匠、寺廟祭司、主持吠陀祭禮的祭司以及教學的祭司等。這些群體的階層在各個村鎮有所不同。紡織工人的社會階級高低會因村鎮不同而異動。一般而言，一個種姓的社會地位取決於它的職業種類。凡禮儀上為不潔的工作，諸如需要處理與死者有關的工作，無論是在火葬場或是準備動物牲禮，均屬於低等的社會階級。還有經濟的影響因素，一個富有的家庭可望在他們的社區中，較其他地區相同職業的窮人享有較高的社會地位。但享有高社會地位不保證經濟地位優越。在某些村落中，最富有的地主是首陀羅(shudras)，而在小村莊中擔任寺廟祭司的婆羅門通常頗為貧窮。種姓階級制度根據個人階級和職業來組成社會，個人在這制度中的位置決定了他在社會中的行為準則。

　　對上三個階級的人而言，行為也受人生階段(住期)的規範，這裡有四個階段(四住期)。第一個階段為學生期，學生最初的老師為雙親，之後再被送去向專業老師求學；這名教師會視學生家庭的社會地位而因人施教。第二個階段是家長

期。一個人長大成人後結婚、撫養家庭，並且為了家庭幸福努力工作，以維繫個人在社區中的地位。當兒女成家立業並開始有了自己的孩子之後，人便進入稱為林隱期（forest dweller）的第三階段，成為一名林隱者。森林隱士讓子女們接手家族生意，自己則開始將更大的心力投注在心靈修行上。最終，第四階段為**棄世期**（sannyasa）。這個階段不是每一個人必經的，但倘若一個人欲求擺脫輪迴，他可以離開家庭，放棄所有的社會連繫，成為一名苦行者。他為自己舉行葬禮，取一個新名字，以示脫離過去的生活。之後，他可能如一名隱士般獨居一處，或是棲身寺廟中，窮畢生精力在冥想和宗教活動上。

印度婦女的生涯並沒有按照這四個階段劃分。《奧義書》中記載女聖哲參與論辯，這顯示出在吠陀時期的女孩的確經過學生的階段。但在西元一世紀時，婦女已不准研讀吠陀經冊。一般認為，家庭生活是婦女生活的主要重心，因此一個女孩的教育局限於持家之道。有人說，婚禮之於婦女的重要性一如男孩正式進入學生階段的入學儀式，婦女服侍她的丈夫有如學生尊奉他的**精神導師**（guru），而家務就是她的獻祭。婦女理應陪同她們的丈夫步入林隱階段。但沒有文獻證明，婦女曾獲鼓勵成為棄世者或是自行靈修獲得精神方面的知識。

多數學者相信，之所以有第四個階段的棄世期，是為了避免人們揚棄他們的社會責任而過苦行者的生活。以棄世乃盡完社會責任後的人生最後階段主張，可將苦行傳統整合入一更廣泛的社會秩序。不過，顯然它的成效有限，因為感受到成為苦行者召喚的人，均等不到人生晚年即已選擇苦行生

活。

　　每個種姓階級在每一人生階段均有某些行為模式。此中發展出規範人的行為的一些法典。法典本文並非像吠陀經文一樣為天啟，一般認為它們是「**代代相傳**」(smriti)，這是說它們是傳統的記錄。在這些法典中，哲學的理想與日常生活相互交織。它們界定合於法的生活方式，說明了各個社會階層在不同人生階段的適當義務。因此，舉例而言，一名孩童就學的適當年齡及他應學習的課程在法典中都有記載。老師的授業內容應符合這名學童的社會階級。婆羅門階級的學生要研讀《吠陀經》和宗教儀式。倘若這名學生是剎帝利階級，在簡介過《吠陀經》後，他將會修習兵器和治國之道。婦女和首陀羅甚至不准聽聞《吠陀經》，所以，他們被排除在教育系統外。這也意味著首陀羅被排除在婆羅門宗教系統外，因為他們不能接受梵文和祭儀的教育。

　　由於這些法典原文是婆羅門寫成的，其中對有關祭司的部分作了鉅細靡遺的描述。之後的材料也述及國家議題和考量法律如何能應用到社會不同層面。於此，法律制度裡社會低階級份子的某些罰則較社會菁英的處罰嚴厲許多。一名僕人殺死一名祭司的刑罰遠較一名祭司殺死一名僕人的刑罰來得重。但相反地，較高社會階層因行竊獲判的罰金則嚴重得多。一名首陀羅必須賠償較所偷竊物品價值高出八倍的罰金，一名吠舍須賠償十六倍，一名剎帝利須賠償三十二倍，而一名婆羅門則須賠償六十四倍。根據一部法典，凡接受過教育的人均應遵守較高標準的行為規範。

　　這些法典中闡述的律法不可盡信。儘管這律法的目的是要應用於每一個人，但它基本上是為了前三個階級而訂定

的。大部分的學者認為社會較低階層有他們自己的一套行事法則。直到現代，英國人採用這些古代法典做為全印度的法律制度，至此社會高階層的法則才用於各個社會階層。儘管這些法典反映出婆羅門人的理想，而不是源自對現實的觀察，它們仍顯示出對階級和人生階段所界定之德行在觀點上的發展。

同樣地，吠陀與奧義書時期的書冊僅屬於社會的菁英階層，而沒有告訴我們普羅大眾的宗教生活。此一失之偏頗的情況在下一個時期開始轉變，偉大的史詩《羅摩衍那》和《摩訶婆羅多》似乎與民間流傳的習俗更有關連，並顯示出婆羅門制度如何擴大以至於結合一般民眾的信仰和儀式。一般的信仰和儀式在兩部史詩後的《往世書》(*Puranas*)，以及中世紀虔信運動的詩歌中更加明顯。下一章將討論印度祭司傳統、苦行修持以及通俗的虔信主義間的交織，這交織形成了古典的印度教。

**註釋：**

①學者們對於印度河流域文明和雅利安文明間的關係看法不一。部分人士認爲這兩種文明的人民有相當大的文化重疊，並提議說吠陀語言和文明均是這文化交流下的產物。見 Subhash C. KaK 所寫的 " On the Chronology of Ancient India "，於 *Indian Journal of History of Science*, 22(1987)： 222-34。David Frawley 主張，印度河流域文明已具有通常歸屬於印歐人的宗敎特性，見其 *Gods, Sage, and Kings：Vedic Secrets of Ancient Civilization* (Salt Lake City：Passages Press，1991年)。

②《羯陀奧義書》(*Katha Upanishad*)2.3.10-11。

③《摩奴法典》(*Manu Smriti*)2.67。

# ③ 古典與中世紀印度教
## *Classical and Medieval Hinduism*

在西元前最後幾個世紀中，印度教在印度並不如佛教和耆那教盛行。 孔雀王朝（Mayuryan Empire，324-185 BC）的統治者已支持佛教，接續的王國國王們也庇護佛教和耆那教和尚。在此一時期，不乏文獻記載佛教和耆那教寺院獲取社會高階層信衆的捐獻，但有關支持婆羅門人的記述屈指可數。此後，在西元前的最後一個世紀期間，婆羅門人開始走出晦暗，成為一修正後的傳統的祭司。這個新傳統將祭祀儀式、對男女神祇的通俗虔信以及苦行冥想交織在一起。這傳統的知識來自以下四大文獻：兩部偉大的史詩、《 **往世書** 》（*Puranas*）、《 **怛特羅** 》（*Tantras* ，或稱《 本續書 》）和詩人的讚歌。此一交相融合的過程造就古典和中世紀印度教的多采多姿。

## 史　詩

祭司與通俗傳統的融合在史詩和《 往世書 》中鮮明可

見。史詩即指《羅摩衍那》和《摩訶婆羅多》兩部詩集巨著。《羅摩衍那》於西元前二〇〇年至西元二〇〇年間完成,而《摩訶婆羅多》則完成於西元前四〇〇年至西元三〇〇年間。兩部史詩均爲繁複紛雜的作品,將繽紛的神話故事、傳說和哲理夾雜合併在宏大的故事體中。其中多數的素材毫無疑問是來自通俗傳統。學者們推斷《羅摩衍那》的中心故事起源自吟遊詩人爲娛樂王室成員所唱的歌謠。其後,這些述說諸神道成肉身的種種功績的故事,得到了宗教聖典的權威地位。

### ■《摩訶婆羅多》和《羅摩衍那》

包含約十萬首詩句的《摩訶婆羅多》是世界上最長的史詩,涵蓋包羅萬象的傳奇和傳說,融合爲一個叙述北印度統治權爭奪戰的故事。故事的核心圍繞著兩兄弟的後代子孫。哥哥持國(Dhritarashtra)眼睛失明而無法繼承父親的統治權,但當弟弟般度王(Pandu)去世後,做哥哥的即繼位成爲國王。由於兩兄弟均曾繼承統治權,他們的後代異口同聲宣稱自己才是合法的王位繼承人。在《摩訶婆羅多》中,故事的衝突焦點在於兄弟雙方人馬的權力鬥爭。這部史詩是以般度王的五個兒子(Pandavas)的觀點出發:堅戰(Yudhishtira)、怖軍(Bhima)、有修(Arjuna)、無種(Nkula)和偕天(Sahadeva)。他們一致反抗難敵(Duryodhana)領導的俱盧族(Kauravas)。般度五子質疑難敵的領導權時,年老的老持國王出面斡旋,將王國一分爲二,試圖避免兄弟鬩牆。他將北王國的統治權交給難敵,南王國則由堅戰治理。南北和平共存直到難敵走訪南王國時,不愼掉入一池塘引起堅戰的嘲笑而自覺受辱爲止。難敵向他的堂兄弟堅

戰挑戰擲骰子，堅戰不諳博奕之道，竟把般度五子的共同妻子闍般地(Draupadi)以及整個王國輸掉了。俱盧族人試圖脫下闍般地的紗麗(sari)來羞辱她，但在她祈求黑天神(Krishna，克里布納)的援助之下，她的衣服變得無窮無盡。之後這兩個堂兄弟再賭最後一回合，輸的人將流亡在外十二年，第十三年要隱姓埋名，否則就會喪失他們的王國。堅戰又賭輸了，般度五子和闍般地隨即流放山野林間。

　　十二年的森林生活充滿冒險，使編輯者能將其他小故事融合爲一個博大的故事。在他們放逐期間，般度五子因接受特別聖者和神祇的教誨開示，而獲得奇特的力量，譬如經由苦行修持、受敎於聖賢和受到諸神的恩賜，而知如何使用神奇的武器和瑜珈能力。在十三年時間屆滿之際，他們要求取回失去的國土，但難敵拒絕歸還他們的失土，因此堂兄弟之間爆發了一場內戰。般度五子贏得了戰爭，但在流血衝突中元氣大傷，失去了至親好友。畢竟，這些堂兄弟是自幼一塊長大的，且雙方征戰的人馬均是舊識。堅戰將統治權移交給一位年輕的親戚，而般度五子與他們的共同妻子，則朝向喜馬拉雅山上的國陀羅天界(Himalayas)遠去。

　　史詩《羅摩衍那》的長度僅及《摩訶婆羅多》的四分之一。《摩訶婆羅多》關注王國內部爭奪領導權之戰，而《羅摩衍那》偏重人類與惡魔的衝突對立。阿踾陀(Ayodhya)國王十車王(Dasharatha)娶妻三人，共爲他生下羅摩(Rama)、拉希摩那(Lakshmana)、夏都古那(Shatrughuna)以及婆羅多(Bharata)四個兒子。羅摩身爲長子，理應是王位繼承人，但國王最年輕的妻子極力想促成自己的親生兒子繼承王位。她提醒國王說，在她救他一命時他曾向她保證會

回報她，因此現在她要求國王履行諾言，冊封她的兒子繼承王位，並將羅摩放逐十四年。國王必須履行承諾，而羅摩甚至鼓勵父王這麼做，因為它是一件正確的事。羅摩王子與妻子息妲以及弟弟拉希摩那自此流放林間，國王也因哀傷而死。婆羅多因此繼位成為國王，但返家後的所見所聞令他悶悶不樂。知道真相後，他前往森林央求羅摩王子回家團聚，但羅摩王子堅持留在森林中，以履行亡父的承諾。婆羅多只好獨自返家，將羅摩王子的涼鞋放在國王寶座上，自己則以攝政王身分代理國務，至兄長的放逐期屆滿返家為止。

在此同時，楞伽（Lanka）的十頭魔王拉瓦那（Ravana）從森林小屋綁架息妲到他自己的住處。羅摩王遂召來一群熊兵和猴將與他並肩作戰對抗魔王。他的最大幫手猴子將軍哈努曼（Hanuman）是風神之子。哈努曼發現了息妲遭囚禁的地方，羅摩王即揮軍在阻隔通往楞伽國的海洋上建造一座橋，成功渡海降服惡魔，息妲獲救。但在羅摩王將她接回家之前，她必須證明她在遭挾持期間依舊保持清白之身，息妲赤足在火上安然走過證明了自己的清白。之後羅摩和他的家人回到阿踰陀，身為國王的他嚴格執守正法，而為他的子民造就了一個黃金時代。

在這兩部巨著中，「法」為一鮮明凸出的主題。在《羅摩衍那》中，羅摩王優先考量榮譽和責任，他堅持信守父親作出的承諾和接受放逐。息妲則是婦女守婦道的典範，跟隨丈夫流放森林間，且在遭俘虜期間藉由一心一意思念丈夫而保住自己的貞潔。《摩訶婆羅多》描述當法和吾人對善惡行為的預期相衝突時引發的難題。為遵守孝道迫使闍般地成為為般度五子的共同妻子。有修返家召喚母親昆弟蒂（Kunti）

看他在競賽中獲得的勝利品。昆蒂背對著他說，他必須與他的兄弟分享勝利品，這個獎品就是闍般地。昆蒂此話一出覆水難收，因此她的兒子一致同意倘若闍般地同意，他們就娶她為妻。在《摩訶婆羅多》的結尾部分，出現了有關法的更艱深課題。當堅戰抵達天界發現了他的勁敵難敵正享受神仙般的生活，因為難敵已完成了他在人間作為戰士的責任。難敵已完成他在人間的義務，堅戰卻註定要再轉世投胎最後一回，以克服束縛他的執著。這執著在他要求除非他的狗也獲准進入天界，否則他拒絕進入時獲得了驗證。這隻狗其實是「法」神自己。

### ■《薄伽梵歌》

　　《薄伽梵歌》(*Bhagavad Gita*)的故事重心為如何化解法的矛盾和將它應用於日常生活。它是《摩訶婆羅多》的一部分。《薄伽梵歌》是般度五子中最驍勇擅戰的有修(Arjuna)與克里希納神(又稱黑天)間的對話錄。克里希納扮演有修的馭車者，而就在戰事爆發前夕，有修和克里希納先行馳往戰場視察敵我軍容。有修注視著敵我陣營，看見兩方均有他親友列隊其中。他領悟到自己將被迫殺害所愛之人，他深感痛苦，遂丟下手中的弓箭。克里希納試圖說服他應戰是戰士的天職。但有修無法在盡責和避免殺害親友恩師這種罪惡間尋求平衡。隨後，克里希納即教導他如何過合於法的生活。

　　首先，克里希納教導他身體不是真我，因此被殺害的並非真正那個人。真實的我是永恆的我，是恆長不滅的。它宛如衣服附存於人的軀殼中，在死亡時脫出肉身，在投胎轉世時進入另一個軀殼。此一輪迴轉世現象世世不息，直到

「我」自輪迴中解脫爲止。在《薄伽梵歌》中，克里希納定出三條解脫之道：1. **知識瑜珈**（jnana-yoga），2. **行動瑜珈**（karma-yoga），3. **虔信瑜珈**（bhakti-yoga）。

知識瑜珈基本上爲《奧義書》的傳統。所獲得的知識是對我之眞性的一種理解，這我與梵有相同的特徵。明澈自我的智者心境詳和寧靜，因爲他已無欲望。他沒有執著和畏懼：他已不爲現實生活中的歡愉或痛苦之情所攪擾。

行動瑜珈要求吾人實現階級與住期之法所規定的義務，但必須以無執於行動結果的態度爲之。換句話說，個人行事應單純秉持職責所在之念，而不應在畏懼懲罰和期望報酬的情況下行事。有修尋求放棄他身爲戰士職責所在的行動，不是解決招致業力行爲的正確之道。人不能拒絕執行個人所當盡的義務。克里希納指出他本身是創生和維繫宇宙的至尊神，倘若他停止行事，宇宙則不復存在。同樣地，所有的人均應以與他們的法相稱的行爲行事，但須本著不欲求果報的心行事。倘若人能夠無有欲求地行事，他的行爲就不會招引束縛人的業力了。掙脫業力的最簡易途徑就是將一切行爲獻給克里希納。如此，個人可能止於至善，因爲他只爲謀求**世界福祉**（lokasangraha）而行事。

在整部《薄伽梵歌》中，克里希納的敎誨將宗敎修持融入日常生活中。導致解脫的行爲並非純粹是宗敎祭儀，任何的日常行爲均可奉獻給克里希納。重要的是個人行事的態度，而不是行事的種類。這樣子一來，非婆羅門敎徒也能獲得宗敎儀式的好處。個人不需進行祭儀或是耗費經年於企求解脫的冥想上。取而代之的是，將個人的行爲奉獻予神，日常工作即成了祭儀。祭儀行爲的活動被內在化，而與所有日

常活動一般無異。

《薄伽梵歌》繼續描述第三條解脫之道，即虔信瑜珈。知識之道需要時間和訓練，並且僅能經由老師的傳道授業達成。它對於未受教育的非婆羅門而言，仍形同緣木求魚。但虔信之道是一條可以在家修持的途徑，對所有人均是可行，甚至包括婦女與及不准參與吠陀宗教的首陀羅。對克里希納的眞心虔信超越了所有的知識，甚至於行爲。即使是作姦犯科者，一旦他眞心眞意尊奉克里希納，即可能自輪迴中解脫，因爲這虔信尊奉將使他變得良善而引導他向求永恆的平和。倘若虔信者無時不刻繫念於克里希納，他即可掙脫出「業」的枷鎖。

虔信瑜珈與行動瑜珈極爲類似，兩者均是描述藉由日常生活尋求解脫的方式。進一步來說，解脫的境界是知識的境界，因此三個道路其實相互重疊。不同的教誨並非是排他性的，事實上是殊途同歸。在《薄伽梵歌》中，克里希納的教義將社會不同階層的日常生活型態融入於一宏大的法的模式。在一段落裡(18.47)，克里希納告訴有修說，寧可不完善地恪盡己責，而不要完善地執行他人的責任。《薄伽梵歌》勾勒出社會不同階層的基本的法，但值得注意的是，這書雖然述婆羅門和刹帝利的職責所在，關於吠舍的職責卻描述較少，而首陀羅的職責僅僅是爲人服務(18.41-44)。儘管如此，這書提供了將不同的群體包含攝於一系統的典範，此點與後世印度教的包容主義(inclusivism)相互應和。

虔信之道與知識之道及行爲之道的別異處，在於虔信者與神之間的關係。在虔信之道方面，克里希納扮演救贖者的角色。虔信者經由個人的努力而不斷進步，但克里希納也提

供祂的協助。祂賜下神恩使世人自束縛中解脫，並確保他們獲得永恆的詳和。克里希納是具人格救贖神，同時，祂也是非人格的大梵。在《薄伽梵歌》中，《奧義書》哲學家的非人格的絕對者和通俗宗教信仰的有神論融合為一。

# 古典和中世紀的有神論

　　一般史詩時期後的時代為印度文明的古典時期。在此一時期內，笈多王朝（Gupta dynasty）建立了一個幾近統轄整個北印度的帝國，其文化影響則及於南印度的諸王國。年代約於西元三二〇年至五〇〇年的笈多時期標示重現印度教為南亞的主流傳統。國家對印度教的贊助催生了都市宏偉的廟宇建築，也促成宗教方面之種種學術研究。為了精確推算祭儀時程而發展出複雜的占星術和天文學。為了精確傳述、朗誦天啓經典，也發展出文法學、詞源學、語音學與韻律學。各哲學派別論述宇宙論、人性與神性以及它們之間的關係、討論產生無知和桎梏的知識模式，以及獲得較高覺識和解脫之道。其他的文化領域也配合宗教而有所發展。醫學知識奠基於有關人體與宇宙之關係的經典觀點上。藝術、音樂、舞蹈和戲劇莫不以神話和祭儀為中心。寺廟建築呈現出新的形式和意義。

　　古典印度教的主要特性是它的有神論，這普遍存在公共祭儀和苦行修持中。在公共祭儀中，宏偉的廟宇是導入婆羅門勢力內的神祇的崇拜中心。這是藉由與梵的同一而普遍化的地方神祇。在苦行傳統中，有神論與瑜珈融合為稱作密教的神祕宗教制度。密教的思想又被吸收入主流的虔信傳統，新的神學系統將《奧義書》哲學與中世紀的虔信和瑜珈綜合

在一起。之後，在中世紀後期，伊斯蘭教徒統治了北印度，印度教生命力的核心轉向一些詩人聖者，後者啓發鼓舞了超越傳統的儀式主義與及強調個人的神聖經驗的虔信運動。

■《往世書》的有神論

　　古典與中世紀時期的「古」書《往世書》是一套匯集神話、傳奇和歷史而反映通俗有神論傳統的綱要書。《往世書》共有十八部，大多數印度人尊爲寶典，及許多次要但在某些地區有權威的《往世書》。部分印度教學派將它們視爲如《吠陀經》般的天啓書，《往世書》與兩部史詩常合稱爲第五部《吠陀經》，而因爲不分社會階層的一般老百姓皆可接觸這些書冊，它們事實上比原來的四部《吠陀經》的影響力還大。與《吠陀經》不同的是，《往世書》不但爲了祭儀用途而作。它們原爲口耳相傳，內容因地而有異，而在不同的地間和地點以梵文和方言書寫下來。每一部《往世書》在在顯示後人插入和附加的故事，因此根本無從判定《往世書》的確實完成時間。大致而言，《往世書》的大半題材可能是在笈多王朝末期(約500AD)完成的，但在之後很久仍有陸續補充。十八部重要《往世書》終於西元四〇〇年至一〇〇〇年間完成。

　　根據傳統，《往世書》有五大主題：世界創生、世界分解、世界時代、系譜、系譜中的述及朝代的後裔的故事。事實上，這些主題僅是《往世書》故事題材的一部分。其他受到矚目的主題尚包括人生的四個目標(即財富、享樂、社會義務和自輪迴中獲得解脫)、**宗教規範**(vratas)、**祖先祭儀**(shraddha)、**朝聖地介紹**(tirthas)、**布施**(dana)、資生之道、高等存有的顯現、自輪迴中解脫、以及作爲宇宙支柱的

大梵。這些書籍爲錯綜複雜、包羅萬象的印度宗教生活，提供了一扇窗口。

　　每一部《往世書》均傾向於尊奉一位神祇爲創造和主宰世界的至尊神。有關諸神的神話詳細述說聖地和祭儀起源的諸神神話。有關行爲規範和人生目標的哲學記述；用以聖者與諸神或諸神之間的對話的方式表達出。諸神討論人應如何進行祭儀，以及導致如解脫等精神目標的心靈屬性。

　　《往世書》中的有神論並非首創，在部分《奧義書》中已將大梵等同於特定的神祇。不過，在《薄伽梵歌》中，克里希納是一位救世神以及創生和管理宇宙的神。當克里希納說他爲了拯救他的信徒而入世時，其他的救世主角色便已顯明誤。

　　有修，正義式微、不義橫行時，我將顯現我自己。爲了衛護善人、毀滅惡者，爲了建立正義，我在每一世代誕生。（摘自《薄伽梵歌》4.7-8）

　　在這一段中，克里希納解釋化身（avatara）教義。印度文「avatara」這個字的意思是「降凡、化身」。世界出現問題時，神即化身爲人，來到人世間，以重建秩序。因此，克里希納不僅是有修的戰車御者，還是至高無上的神，一個創造、維繫並毀滅宇宙的神。在《薄伽梵歌》中，有修獲准一瞥克里希納的宇宙形相。有修在克里希納身上看見了全宇宙、太陽、恆星、行星以及所有聚集在戰場上的人們。克里希納告訴他說，一切的存在均出自於祂，但他是超越一切存在的。換句話說，正如「吠陀原人」的十指超越受造的宇

宙，克里希納也同樣是全宇宙而更越乎其上。做爲至上者的化身，他既是超越的大梵也是內在的克里希納，這將哲學和通俗的有神論結合在一起。

　　將某一神與大梵等同自然賦予該神至高無上的地位。但在南亞男女諸神是不計其數，人們並不會因一至上原理而放棄他們當地傳統。實際上，印度教在婆羅門哲學中發展出囊括多神信仰的方法。因此，不同的神祇被視爲是一至上者的多種顯現。大梵可以以宇宙的種種形貌呈現，這也包括見於不同宗教傳統的男女諸神。這種一神多面相的觀點還擴大至包括神像、經書和聖者等。

　　將某個神等同於具有諸多面向之至上神的傳統有三個。那些認爲 **毘師挐**（Vishnu）神是最高神的人稱爲 **毘師挐派**（Vaishnavas）。那些認爲 **濕婆**（Shiva）是至尊神的人稱爲 **濕婆派**（Shaivas）。 **戴維**（Devi）女神的信徒稱爲 **性力派**（Shaktas），因爲顯現爲宇宙的能量是代表女性的 **性力**（shakti）。這三位偉大的神祇主宰《往世書》文獻，並且從古典時期至現代一直都是印度教的焦點。

## ■毘師挐

　　在印度教三大主神之中， **毘師挐**（Vishnu）容易與婆羅門哲學相合。 **毘師挐** 被描述爲一位王者般的神，尤其祂所關切「法」。祂不可避免地與神的化身（avatara）教義有關。無論何時有非法的橫行，毘師挐就會降臨人間，維護秩序。這個可連續以不同化身出現的概念讓毘師挐可以化身成其他神，因而將各種宗教傳統融爲一體。舉例而言，毘師挐化身爲《吠陀經》中的一名侏儒，將宇宙的惡魔手中奪回。化身的次數依《往世書》而異，傳統流傳最廣的是提到毘師挐有

十種化身。在這些化身中，《摩訶婆羅多》與《羅摩衍那》裡造「成」法的勝利的英雄克里希納和羅摩王最受尊崇。

但毘師孥的出現不限於化身。根據其信徒編造的故事，所有的神均來自毘師孥。毘師孥是大梵，是宇宙的原因和實體，是意識性的「靈我」和物質性的原「質」，這是數論派哲學的兩大根本原理；祂也是引發這兩大原理中有關時間（kala）的連結與分離的問題。在舊的數論派理論中，這兩項根本原理涇渭分明，但在《往世書》中，它們都是無限的毘師孥的部分。當毘師孥將原質的三個質性的均衡狀態攪亂之際，宇宙的創生於焉開展，自原質中演化出各種存在要素。這些要素湊在一起形成一枚位於宇宙水之上的巨蛋。毘師孥進入這宇宙之蛋而為創造神**梵神**（Brahma；梵天），並且安排了創生；之後，祂扮演維護宇宙秩序之神毘師孥的角色。最後，祂成為毀滅神濕婆而將祂的創生消解於無垠的海洋中。

然後，毘師孥躺在海面上睡著直到新的創生時間來到。印度藝術時常將毘師孥畫成睡在浮於海上的一條巨蛇身上。當一朵蓮花自毘師孥的肚臍中生長出來，而梵神自蓮花中浮現以再度創生宇宙之際，就是宇宙重生的濫觴。這是宇宙創造的第二個階段，因為宇宙之毀滅後並沒有完全回復到原初的原質。在這些活動及休息之間還有一些較小規模的創生週期。最小的週期是由四個時期組成的。第一個是「法」盛行的恬適時期，但在後續時期法逐漸式微。第四個時期稱為**黑暗時期**（Kali Yuga），此時法最為脆弱，人們無法善盡責任，或甚至不追求美德。目前這個世界正處於始於西元前三一○二年的黑暗時期。當法已蕩然無存，宇宙遭到毀滅，新

的宇宙重生，開啓了黃金時期。這四個時期延續了四百三十二萬年，合在一起稱爲「摩奴生」(manvantara)，而一千個摩奴生形成梵神的一天，每一天均跟隨著梵神之夜，這時候是毘師孥的睡眠時間。一個白晝和一個黑夜形成了一「劫」(kalpa)。然後，毘師孥甦醒過來時又是新的一劫開始。在歷經一百年的三百六十個白晝和黑夜之後，整個宇宙創造過程會倒回去，直到毘師孥再吸收原人、原質與時間進入自身爲止。處於輪迴轉世中的人所經歷到的周而復始的循環，也出現在宇宙階層上。

一般相信，毘師孥的各種化身是在於迎合不同時期的需要。毘師孥在前一時期中化身爲羅摩王，當時仍有足夠的法以推行祂的正直法令。其後，黑暗時期開始，宗教修持必須改變，所以毘師孥化身爲克里希納。祂不僅在大戰中協助般度五子，祂還教導世人虔信之道以爲救贖之路。在末法時期，個人的努力是不充分的。

《往世書》中的克里希納與《薄伽梵歌》中的無上導師少有相似之處。《往世書》中的故事著重描述，克里希納在嬰兒時期便能奇蹟似地剷除了暗殺他的人。到了淘氣的童年他成了城裡的孩子王；步入青年期時，這名具有神性的年輕人以他的笛聲使**擠奶女**們(gopis；milkmaids)心醉神迷並和她們在森林中起舞。

## ■濕婆神

濕婆派信徒們尊濕婆神(Shiva)爲最崇高的神，而視毘師孥和所有其他諸神爲祂的不同形相。濕婆神被形容爲一尊弔詭的神，因爲祂同時是一名棄世者和一家之主、一名獨身的瑜珈行者(yogin)兼爲人夫。不過這在印度教信仰體系中

並無矛盾，因爲禁慾主義可產生與性能力非常近似的內在能力。這種能力可兼具創造性和毀滅性。濕婆教藉由將濕婆描述成兼爲創生和毀滅之神，來強調神的可畏能力與他者性（otherness，相異）。有些濕婆教分支遵循不屬於婆羅門系統的儀式。這一點與濕婆神話中發現的線索相結合，顯示出濕婆可能是非雅利安（non-Aryan）的神。

儘管濕婆稍後被視爲是吠陀神祇魯特羅（Rudra），但吠陀讚歌中並沒有提到濕婆。而部分的《奧義書》中有提到濕婆。另外，在《白淨識奧義書》（Shvetashvatara Upanishad）並且將祂描述爲最崇高的神，與作爲宇宙本源的大梵同一。在兩部史詩中，祂出現數次，其時祂教誨授業和獎勵瑜珈苦修者。顯而易見地，濕婆存在於非婆羅門的苦修傳統中已有長久歷史，後來才勉強納入主流中：此等事實於沙提的故事中可見一斑。

沙提（sati）是濕婆的妻子，達夏（Daksha）之女。有一天沙提獲知其父將舉行一場祭祀儀式，並已邀請除了濕婆之外的所有神祇參加，因丈夫遭忽視而受辱，沙提憤而利用自身瑜珈之力引火自殺。濕婆怒不可遏，便化身惡魔，搗亂祭祀儀式，並殺死達夏。之後，祂讓達夏復生、祭儀重現，此祭儀便在濕婆參加的情況下進行。

在《濕婆往世書》（Shaiva Pruanas）中，濕婆是至高無上的神，職司創生、護持和毀滅宇宙。至尊濕婆（Parama Shiva）藉自己分成男濕婆和性力女神（feminineShakti）兩個側面而創造世界。性力女神是神的積極力量，是創生的原動力，她以各種宇宙形式和名稱而被彰顯。右半身爲男左半身爲女的濕婆形像即顯示出前述兩種神力的結合。濕婆和性力

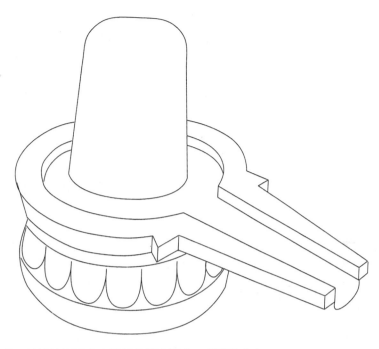

象徵濕婆神的陽具和女性性性器官同在一個蓮花座上。

女神也同時出現於象徵濕婆神的**男性生殖器**（lingam）上，這男性生殖器位於象徵性力女神的圓形**女性生殖器**（yoni）中。

　　儘管濕婆是家喻戶曉的毀滅神，且祂的苦行傾向也常與可怕的形相相連結，但也有故事描寫祂的慈悲和庇祐善行。當諸神和惡魔翻攪海水以求得不死之瓊漿玉液時，祂們把可摧毀所有生命的毒藥釋放出來，濕婆竟把毒藥吞服下去，劇毒把祂的喉嚨染成藍色。濕婆的形像便常顯示祂喉嚨的藍顏色。此外，濕婆形像也以一條河自祂交纏的頭髮中流出呈現，而這條河就是上下貫穿天堂與人世的恆河。一旦恆河之水直接傾瀉而下，大地將為大水衝毀，因此濕婆以祂的頭髮

攔住河水，消散恆河河水的衝擊力量。

濕婆又稱作那吒羅闍（Nataraj），意為舞蹈之王。南印度 Chola 王朝巧奪天工的舞姿濕婆銅雕，是濕婆神學的縮影。它象徵創造與毀滅、控制和放棄、超越與內在。濕婆一手拿著鼓代表創生之所出，另一手作出庇祐的手印，第三隻手拿著毀滅之火。在祂的腳下是一名代表宇宙之惡和人類弱點的侏儒，而濕婆的恩惠戰勝了這兩者。濕婆的舞蹈是毀滅之舞。但在宇宙的階層，毀滅即是重新創生的前奏曲；在個人的階層毀滅意味著解開輪迴對信眾的束縛。

## ■戴維女神（Devi）

在《往世書》之前，儘管吠陀時期有部分女神受到尊崇，但鮮有證據顯示女神是崇高無上的神。但許多經文均提到地方上的女神，祂們可能逐漸地入婆羅門傳統中。最早讚頌崇高女神的作品是《大自在女神》（Devi Mahatmya）中的戴維女神（Devi），編纂約在西元五世紀至七世紀之間編成。在這部經文之中，女神三度出面以殺死威脅世界的惡魔。首先，女神讓兩名企圖阻撓宇宙創造的惡魔無法得逞。女神第二度現身成為最受歡迎的女戰神杜爾加（Durga）神。惡魔馬希沙（Mahisha）在戰役中戰勝諸神，因此諸神便向濕婆、梵神和毘師孥求援，這些主神在聽了發生的事時勃然大怒，然後祂們憤怒的臉龐上流出三道光芒，後者結合而為一美麗的女神，祂就是配戴著諸神的武器一舉戰勝惡魔馬希沙的女神杜爾加。杜爾加也擁有化身為其他女神的神力，當祂生氣時，祂的憤怒便化身為曾戰勝另一惡魔的黑女神（Kali）。第三度現身也是在戰場上，安比卡（Ambika）女神為了剷除惡魔 Shumbha 和 Nishumbha，她將包括黑女神在

圖為偉大的女神杜爾伽騎坐在老虎身上，一般認為祂能戰勝惡魔。

內的多種神形引入她自身內。在經文最後，諸神讚美女神是宇宙之母，而女神則誓言在任何必要時候均會挺身保護天地萬物。

　　一旦至尊女神的觀念廣被接受，所有的女神都成為戴維女神的唯一形相。戴維女神就是顯現為宇宙的動態性力，祂

是萬物之母，而非僅僅是女性溫柔和母性的象徵。祂是宇宙創生力和毀滅力的體現。祂可以是帶來恩賜的吉祥女神（Lakshmi），也可以是戰場上暢飲敵人鮮血的黑女神。這些形相不是兩極對立的，祂們是戴維女神所有神力的展現，代表祂以溫和與兇猛兩種方式來關懷這世界。當化身為吉祥女神時，戴維關切祂的信徒的世俗福祉；當化身為殘忍的黑女神時，戴維將企圖摧毀宇宙的敵人一一消滅 。信徒稱黑女神為「母親」，將祂的猙獰形貌寓言化，這進一步佐證這兩種方式能和諧共存。黑女神腰間戴著配有斷臂的腰帶，代表祂將祂的子民自業障中解脫出來，而祂的頸項上掛著人頭項圈象徵著人類的種種弱點，譬如貪婪和慾望，祂將這些除去以使信徒獲得解脫。

理論上儘管所有的女神均包攝在戴維女神之內，但每一位女神均憑著各自的地位而受到信徒膜拜。兩尊最受歡迎的女神為薩拉什瓦提（Sarasvati；弁才天）和吉祥女神。一般稱薩拉什瓦提為學習女神，且是音樂的守護神。祂穿著白衣，騎在一隻天鵝上，彈奏一種稱做琵琶（vina）的弦樂器，手上拿著一份手稿和一串珠子。這份手稿使人將祂和宗教經典連想在一起，某些傳統說祂曾經創造了梵文的書寫文字「天城體」（devanagari）。吉祥女神通常被描繪為站立在大象環繞的蓮花上，自祂手中源源灑出金幣。祂是為信徒帶來富裕的吉祥天女。祂的神像出現於現代印度錢幣上，而人們每年慶祝燈節（Divali）以祈喚祂的恩賜。

有一個神話為南亞各個女神的聖地提供一共同的起源，以這種方式將諸女神連結在一起。如同先前濕婆和達夏的故事所述，在這個故事中濕婆的妻子沙提去世，悲傷逾恆的濕

婆抱著沙提的屍體遊走世界(印度)各處。祂的狂暴造成了宇宙的混亂,因此毘師孥跟隨著祂,並將沙提的屍體一片片地割下來,直到濕婆發現祂的兩手空空才忘懷悲傷,並返回祂的山裡冥想內觀。沙提的屍體片片墜落人世間的地點就成了諸女神的聖地。這個神話故事也顯示女神和印度這塊土地之間的實際關係。在現代,這土地已被擬人化為印度母神(Bharat Mata)。

## ■次級神祇

衆多的印度神祇與濕婆、毘師孥和戴維女神僅有鬆散的關係,且實際保有祂們自己的神格,其中之一即為象頭神(Ganesha)。象頭人身的祂是山女神(Parvati)的兒子、濕婆的繼子。祂是最受印度人尊崇的神祇之一,許多民宅的門上均可發現祂的小神像。祂是家喻戶曉的破除障礙之神,因此,每當要進行任何新的活動時,人們便向祂供奉膜拜。另一與濕婆有關的神祇是最受南印度泰米爾人愛戴的穆魯坎(Murukan)。儘管長久以來穆魯坎就是一位非婆羅門的戰神,祂仍被等同於濕婆的兒子史坎達(Skanda)。南印度為了榮耀祂而舉行盛大的慶典。在《羅摩衍那》中協助羅摩王打敗魔王的猴子將軍哈努曼也有其信衆。哈努曼被尊為是虔信的最佳典範。

此外,印度還有無數的地方和鄉村神祇,其中多數為一些村落的庇護女神。這些村莊女神通常是以非圖像的形式出現,往往是一盆水、一棵樹、一塊上面塗有紅漆的石頭,或是一個上面綁著衣服細條的灌木叢。村民可能視這些神祇為供奉在寺廟中的偉大之神在地方上顯靈,但大多以祂們為獨立的神祇而膜拜之。第二類的神祇由神格化的人類組成的,

包括兩種人，即英雄和鬱鬱寡歡的鬼。英雄為有著非凡的人生經歷的人，尤其是完美履行義務的人。不快樂的鬼則是死於非命的人，此種人死後成為厲鬼，陰魂不散地在村莊附近徘徊，滋事生非。這些亡魂必須加以供奉，才不會胡作非為。

## 有神論和怛特羅

　　鬼魂和英雄的力量反映出印度教裡人神兩性的相互關係。這種關係的根源至少可回溯至《黎俱吠陀》的＜原人讚歌＞，而《怛特羅》(Tantra)經文中對此則有詳細的解說。這些經書多半出自於西元八世紀及以後時期。在這些經文中，秘傳的瑜伽哲學與普受歡迎的有神論(Theism)相融合，由此衍生出新的宗教修持，之後又為其他的傳統吸收引用。①

　　基本上，怛特羅派(或密教)詳述已見於數論派哲學的概念，即有關透過旨在反轉創生過程的瑜珈修持來得到解脫知識者。但此過程的解釋又因配合《往世書》的宇宙論而有所調整。創造是由於大梵的一分為二：一為男、一為女；濕婆與性力密教的信徒將男者等同於濕婆而以女者為性力女神；在吉祥毘師孥信仰中，男者為毘師孥，女則為吉祥女神；在Gaudiya毘師孥派信仰中，男者為克里希納，女者則為拉妲(Radha)。女性面的性力開展為宇宙的一切形相。宇宙創生的過程是由一未顯現的狀態演變為微妙的形相，然後是物質的彰顯。在密教未顯現的全體通常稱作「語言大梵」(Shabdabrahman)，而性力的開展過程是一由微希之聲轉為可聞之聲的過程。

一如整個宇宙，人體是這個顯現過程的產物。因為性力既成為宇宙，也成為個人，身體是宇宙中的一個小宇宙，有其微妙與物質的層次。因此人可依循身體而回溯其內的創生過程。經由這種創生的回轉，性力與濕婆再度合而為一，而個人自輪迴中獲得解脫。

密教對此一過程作了明確描述。在人體內，性力蜷睡於脊椎骨尾部，形成人的「蛇力」（Kundalini）。當蛇力甦醒時，經由脊椎上移，通過體內的幾個中心（chakras）。在不同的經文中，中心的數目不一。但古典的描述記載了六個中心，每一個中心均與一特定的字母和神祇相連結。最後，蛇力與性力到達頭頂，此為濕婆的住所，兩者再度融合為大梵，是為中性、非顯現的全體。隨著這個過程的進行，修行者即可在身心之控制上得到特殊的力量，他也可得到如身體騰空等的神異功能。

這過程需要在一名合格的精神導師或上師指導下進行，小心翼翼的修練。導師的權力來自個人的精神修為以及協助他人臻及開悟的能力。據稱，要尋找到一名合格的導師引導修行殊非易事，因為通曉此道的人已不多見，而有傳授此道意願的人更如鳳毛麟角。上師的地位有時比「上神」的地位還要崇高，因為學眾經由他的恩德才獲得「上神」的知識。密教或怛特羅派上師代代相傳，但不需要是婆羅門人。密教對所有社會階層的男女一視同仁，受教的唯一條件是誠心欲求解脫及上師之啟蒙。

密教發展成左右兩大教派，左派密教完全有別於婆羅門傳統。這個教派利用反於常規的修行法，來協助學生克服對自我和世界的有限認知，其目標是要成為如《奧義書》和

《薄伽梵歌》中所主張的智者。這樣的人視一切事物爲梵，苦樂一如，也因而不爲社會規範所拘束。這教派利用一個打破一般宗教規定的系統來滌淨學生的身心，包括在儀式中食用如肉、魚、酒、烘烤過的穀物等禁忌物以及進行靈交。一般以這些東西有礙宗教成就，因此左派密教藉由它們來學習眞正的出離。右派密教並沒有採取這種傳統上視爲不潔的行爲，倡導以心靈的崇拜替代外在的祭儀。

印度教坐禪時用的線形圖具，其可輔助冥想，象徵濕婆和沙克蒂的關係。

密教運用**壇場**（yantras）和「眞言」（mantras）爲鍛鍊的工具。眞言概念可以追溯至吠陀時期。眞言是一種蘊有力量的神聖的話語——一詩偈、一文句或是一個字。在早期它們出自於《吠陀經》，但如今眞言與《往世書》中的神祇有關。舉例而言，濕婆派的大眞言是「唵哪口麼濕婆呀」（Om namah shivaya），意思是「向濕婆神頂禮」。上師會在啓蒙儀式中給予他的信徒眞言。一名信徒可能會在啓蒙式之前聽過眞言，但上師唸出這種眞言時賦予它們力量，使它們成爲精神鍛鍊的一項利器。壇場是一種象徵濕婆和性力女神關係的圖形，其**中心點**（bindu）代表未顯現前的統合狀態。這個中心點的周圍由數個三角形交互重疊組成，指向下方的三角形表示性力，向上的代表濕婆，有些圖形還加上字母和眾多神祇以代表濕婆與性力女神之諸面向顯現。壇場被用來做爲冥想的焦點，有助於集中注意力至一統合的中心。

　　事實上，密教團體在南亞極爲罕見，這些團體的信徒人數也不多。但密教的觀念已成爲主流思想的一部分，尤其是眞言的使用極爲普遍。眾神的名字成爲眞言，帶有它們所指示的神的所有力量。高呼「讚美羅摩、讚美克里希納」的克里希納信徒是在誦吟也是祈詞的眞言。壇場也稱爲**曼荼羅**（mandalas），廣泛使用於冥想時，常見於藝術作品以及寺廟地板的圖樣。

　　作爲密教修行之衍生物的特殊能力，是認爲宗教成就能帶來特殊能力的更廣泛信仰的一部分。即使在吠陀時期，一個具有吠陀知識的人也被描述爲具有神性。在《瑜珈經》（*Yoga Sutas*）中，瑜珈修行者擁有和密教行者一樣的力量。在鄉村文化中，瑜珈修行者通常是村民請求協助解決日

# 聲音的力量

在印度教中，聲音擁有偉大的力量。在早期吠陀時期，祭司經由讚歌與諸神溝通。最後，聲音本身與大梵同一，而體現了神聖力量與宇宙本質。《往世書》部分經文將聲音描述爲梵的未顯現時，是成爲宇宙的媒介。藉由眞言的使用，聲音繼續在宗教儀式上扮演重要的角色。在密教裡，特定的眞言與微細身的中心相互關連。經由這種相互關連，作爲眞言的聲音構成了人體、聖體和宇宙。

聲音的宇宙意義可以由眞言唵「OM」（或是 AUM）來證示。唵可以理解爲是宇宙在聲音中的相應物，是宇宙創生的手段。它是梵的音形。因此唵成爲通往解脫的一種方式，因爲體認到萬事萬物的精髓即唵，也就了悟自我與梵的眞正本質。這眞言的組成要素顯示了心識從無知至開悟的過程。「A」這個聲音代表醒狀態的正常心識。「U」是導向於內的夢狀態，「M」是熟睡狀態，其後的寂靜即爲證道時的寂滅狀態。

在虔信的傳統中，最偉大的眞言是諸神的名字；藉由不斷重覆神名，信徒在心中不斷地惦記著神。重覆神名可純化身心以及帶來神的恩寵。美學理論將特定的音階和旋律以及各種情緒連結在一起。旋律可喚發虔信之情、寧靜或是忘形的喜樂。當以特定的旋律詠唱神名時，這聲音本身即引導人們邁向神性覺識。

常問題的對象。他們被要求協助婦女受孕、治病，甚至在旱季時祈降甘霖。如是，這些人間行者擁有許多神格化的英雄所擁有的力量。

## 哲學和虔信的綜合

作為「吠陀之終」的吠檀多（Vedanta）是中世紀最具影響力的哲學。事實上吠檀多內有數個不同的教派，每一個教派有各自的尊師和教義。這些教派的核心以《奧義書》、《薄伽梵歌》和《梵經》（*Brahma Sutras*）為基礎，集中於對梵與自我間關係的探討。《梵經》（約西元一世紀）約涵蓋了五百則偈頌，是集《奧義書》智慧之大成的摘要書，但這些簡潔的警語艱澀難懂，因此吠檀多信徒引用《奧義書》和《薄伽梵歌》來加以註解。

### ■不二一元論吠檀多

西方最熟悉的吠檀多傳統多半與商羯羅（Shankara，約788-820）有關。他是吠檀多經典提出融貫解釋的第一位哲學家。商羯羅的哲學稱為**不二一元論**吠檀多（Advaita Vedanta）多，因為他將梵描寫為非二的實體。實在僅有一個，而那就是梵。個別的自我與梵是一致的（如《奧義書》所示），但由於幻相（maya），人們將自己視為大千世界中互異的個體。一旦幻相被洞察時，個人即悟出宇宙惟有大梵。之後，轉世輪迴即停止，而在死亡時個人的我即與大梵合而為一。

商羯羅的解脫之道基本上為知識瑜珈，它是藉由大梵的知識而克服幻相並參悟真實。個人悟到的梵是無止盡的而且沒有屬性，正如《奧義書》所述。但《奧義書》也提到有神

論，因此商羯羅以哲思加以綜合，描述梵的兩個階層——實德（Saguna）梵和離德（Nirguna）梵。**實德梵**（Saguna Brahman）是擁有各種屬性的梵，也就是有人格的神（上神），職司創造、維持和毀滅的神，這個神接受供祭且是虔信的對象。對那些無法領悟更深奧的**離德梵**（nirguna Brahman）的人而言，上神是一個合宜的信仰對象。以這種方式，行為瑜珈和虔信瑜珈併入不二一元論吠檀多，而為知識瑜珈的修習的入門階段。

商羯羅為其追隨者建立僧侶制度，並為他們籌建**寺院**（maths），弟子們在此鑽研他的教義。商羯羅的信徒遊走南亞，與人分享他們的哲學。商羯羅寺院的住持在印度仍是備受敬重的宗教權威。

## ■限定不二一元論吠檀多

商羯羅的系統不是為俗世成家者制定的，它也看輕有神論的虔信，與另一吠檀多派學者羅摩孥闍（Ramanuja，約1025-1137）的教義相比，商羯羅的系統不能代表印度教的主流。羅摩孥闍在闡釋吠檀多經文時引用中世紀文獻的有神論，自創**限定不二一元論**（Vishishta-advaita）。這一派認為，至高無上的梵是人格神；換言之，大梵及其屬性是一切存在的根本，但個人的靈魂和物質是梵是有所區分。因而儘管梵是宇宙萬物而且整一不二，這種不二一元性卻被靈魂和物質的存在所限定。

由於個人的靈魂和物質永遠存在於大梵中，世界是真實的，個人的靈魂即使「解脫」了依舊保持其個體性。由於無知和「業」，個人的靈魂陷於生死輪迴中，唯有藉由三種努力來掙脫此一禁錮：1.離執的行動，2.研究吠檀多經冊以參

悟上神、靈魂和物質之本性， 3.虔信。羅摩孥闍描述這種虔信爲自我託付和對神的持續冥想。這三種活動引導至最崇高的虔信，即爲對大梵立即的、直覺的認識。

　　大梵是人格神，擁有完美的屬性，如全知和全能等。獲解脫的靈魂不受無知和業障的侷限，並永恆地、至福地與「上神」共融。靈魂和神之間必有區別，這種共融關係才可能存在。羅摩孥闍學派將商羯羅的實德梵和離德梵的階層倒轉過來。在此，我之融入無屬性的大梵的體驗(不二一元論吠檀多的最高境界)，是自我重獲「個我感」及獲得與人格神共融的較高境界前的一個初步的淨化階段。與商羯羅的哲學相比，限定不二一元論較爲接近以家庭的和寺廟爲中心的印度教。羅摩孥闍的神學論綜合了《奧義書》的哲學，以及爲南印度偉大詩聖所鼓吹的對人格神的虔信體驗。

# 虔信運動

　　羅摩孥闍的哲學反映出虔信在中世紀和近代印度教發展中的強大影響。虔信(bhakti)運動在西元六世紀時出現於南印度，再漸次北移。這運動源於雲遊各聖地的詩聖的宗教經驗。這些聖者來自社會各階層，不分男女，以方言替代梵語，傳達他們的宗教熱情。因此，他們是通俗宗教世界的一環，而不是僧侶菁英。他們的影響力廣大，即使婆羅門神學家也承認他們是理想的虔信者，而他們對神的讚歌被納入寺廟的禮拜儀式中。因此，讚誦神的詩歌與司祭傳統兩相融合，詩聖的宗教經驗即影響到神學的解讀，譬如羅摩孥闍的論述。

### ■早期的虔信運動

虔信運動的第一個大動力來自南印度的泰米爾地區。該地區早期有兩個詩聖者團體：十二位阿羅婆爾（Alvars）在西元六世紀至九世紀之間吟唱毘師孥和祂的化身諸神的事蹟；而六十三位那耶那爾（Nayanars）於公元六世紀至十二世紀盛讚濕婆。這兩個團體雖然均在南印度，但它們的影響力卻廣佈整個印度次大陸。

　　早期阿羅婆爾讚歌的主題為神的救世恩寵。他們的詠唱描述毘師孥以化身現身人世間或隱身於寺廟神像中以協助世人。阿婆羅爾經常歌詠化身為克里希納的毘師孥，但強調克里希納是他們摯愛的年輕牧牛者，而非《薄伽梵歌》中可敬畏的導師。經常，阿婆羅爾會將他們自己描述為擠牛奶的女子，渴望著克里希納的現身。他們的詩歌中迴盪著一睹上神的渴念。這些詩歌在西元十一世紀時集結成冊，在至上毘師孥學派裡它們一如吠陀，被視為是天啓聖典。

　　那耶那爾的發展情況類似，他們來自社會各階層，從首陀羅至婆羅門無所不包、不分男女，且以每個人都能懂、會唱泰米爾語的詠唱詩。與阿羅婆爾一般，他們的詩歌在表達個人與人格神之間的情感關係，並不關注任何抽象、沒有屬性的梵。這些讚歌也被集結成冊，成為日後濕婆各派——尤其是濕婆悉檀多派（Shaiva Siddhanta）——之神學論基礎的部分。

■中世紀後期的虔信運動

　　虔信運動的第二波洪流在西元十三世紀發源於北印度。中世紀後期北印度地區印度教的兩大影響為伊斯蘭教和虔信運動。伊斯蘭教在西元十一世紀初期入侵印度，西元一二一二年德里蘇丹王權（Delhi Sultanate）的建立，象徵伊斯蘭教

統治北印度大部分地區的開始。伊斯蘭教和印度教無法和平共存，伊斯蘭教徒的數目遠遜於印度教徒，且並未盡力與印度的本土宗教抗衡。這種相對寬容的關係直到西元一五二六年至一七五七年蒙兀兒統治期間才改變。在此期間，許多北印度和西印度的寺廟遭到破壞。在那個社會和政治氣氛緊繃的時代，孚衆望的印度教聖者以奇妙的方言散文和詩歌，凸顯個人之虔信體驗的重要性。

在西元十三世紀和十七世紀期間這些詩聖多半居住在北印度和西印度。他們有些人吸引了大批的信團體，其中有一些發展成延續至今日的教派。一如早期的泰米爾聖者，這些北方聖者來自社會各個階層，且不分性別，他們雖然來自不同教派、尊奉不同的神祇，但他們共享對神內存於世的體驗。聖者的詩歌中有兩種不同的歌誦神的方式。有些詩人強調神的人格性，鉅細靡遺地描述神的屬性。其他詩人則歌誦神爲無形的絕對者。前者稱爲實德虔信者（saguna bhaktas），意即「信愛有屬性之神的人」，後者稱爲離德虔信者（nirguna bhaktas）「信愛無屬性之神的人」。一個詩聖擺盪通常於這兩種神性概念之間。

當以人格謂詞描述神時，神的形貌往往是源自地方廟宇的神像。聖者在寺廟的**神像**（murti）上經驗到神的臨在，他們頌揚此一以人格神爲尊的虔信宗教。他們的詩歌描述個人對神的體驗、地方廟宇以及朝聖的重要性。在關於這些聖者的故事中，有時神像會顯靈與信徒互動，或當信徒不能前來寺廟時去會他，或是允許聖者沒入神像中而自現世消失。

有時候，聖者以哲學的方式表達他們對神的虔信，如智納希瓦・馬哈拉吉（Jnaneshwar Maharaj，13世紀）的作品。

馬哈拉吉將《薄伽梵歌》翻譯成馬拉提語，並根據虔信經驗而加上冗長的注釋。虔信也可藉描述聖者個人與神的關係之豐富感情語文表達出。西元十六世紀時的拉其普特（Rajput）公主米拉貝（Mirabai）視克里希納為自己的丈夫。她有許多詩作均是描繪她對皮膚深色的布拉吉（Braj）王克里希納的熱愛，後者據說曾在一次令人畏佈的暴雨中，舉起一座山以為信徒遮風蔽雨。

妹妹，我作了一個夢，
我嫁給有求必應的神：
五十六萬人前來，
而布拉吉王是新郎。
在夢中他們架起婚禮的拱門；
在夢中祂執握我的手；
在夢中祂帶領我繞行婚姻之火，
而我堅定地成為祂的新娘。
米拉已得她的舉山之主：
是她去世今生深心期盼者。②

虔信派（Bhaktas）信徒給克里希納在《薄伽梵歌》有關虔信瑜珈的教誨賦予了新的意義。有些人主張克里希納在黑暗時期初出現在人世間，傳授虔信之道，因為它最適宜在一個不義盛行、自力救贖已無可為的時代。他們利用古老的瑜珈譬喻，指人的軀幹是戰車，馬是必須加以控制的感官，但駕馭戰車者是克里希納，而非個人本身。在這個黑暗時期，人們必須仰賴神的恩寵，對神熱愛敬拜，以求自輪迴中解

脫。詩聖采坦耶（Chaitanya，16 世紀）被他的信徒視爲是克里希納的新化身。采坦耶經常一邊心醉神迷地跳舞，一邊吟唱克里希納之名。這樣子邊跳舞邊誦讚神名的方式日後成爲通俗的虔信行爲。

與實德虔信派不同，離德虔信派通常反對神的一切有形象徵。對有限物質可以代表無限者，或無所不在的梵在某處較他處有更多臨在的說法嗤之以鼻。離德虔信派中最引人注目的詩聖卡比爾（Kabir），甚至直斥宗教差異一概念爲無稽之談。

> 庫達（khuda）住在清眞寺？
> 那麼誰無所不在？
> 羅摩在神像和聖地裡嗎？
> 你有沒有在那裡發現祂？
> 訶利（Hari）在東方，阿拉在西方
> 你喜歡如是夢想。
> 在心中搜尋，惟在心中：
> 在那裡住著羅摩和卡林（karim）。③

他批評伊斯蘭教徒和印度教派進行徒具型式的空洞禮儀，從未眞正地對神內存於心這一點上懷有信仰或心領神會。他經常取笑宗教修持，說如果像一個苦行僧一樣脫個精光是獲得開悟的途徑，那麼森林中的小鹿均已悟道。離德虔信派的聖者一再宣稱，神在每一個人心中，不在廟宇或是清眞寺內，而且惟有眞正的奉獻可引導個人與神親近，而非像婆羅門那般誦唱梵文經典，或是像伊斯蘭教徒一天祈禱五

次。

　　這些聖者認爲，經由**團體共修**（satsang）與唱誦**虔信詠歌**（kirtan）將可以達致與神共融的境地。他們反對舊式的司祭儀式、經文研讀和遵行義務。將個人完全奉獻予神比任何法都重要。時時刻刻將心念集中於神的方式之一，是大聲誦唱或是自我默唸神的名字。當然，信仰不同神的話就會使用不同的神名，有的人唸「羅摩」，有的人唸「濕婆」，但原則是一體適用的。

　　在現代傳統中，於古典時期對印度教多所影響的有神論依舊勢力穩固。在中世紀時期，有神論與瑜珈修持融合，且在密教中對人和神的相互關係予以詳細闡釋，此外吠檀多神學也綜合了有神論與奧義書的哲學義理。印度教有神論藉由詩聖而清楚地呈現，他們的作品影響深遠，成爲寺廟誦讚文的一部分並且影響了印度教哲學。在中世紀晚間，所有這些論述均錯綜交雜在一起。因此，密教的「微細身意象」（Subtle-body imagery）可出現於未受教育的紡織工人所寫的詩中；而婆羅門詩人可能反對宗教祭儀和種姓制度，並告訴大家唯一必要的宗教修持是以眞正的虔信反覆誦念神名。構成印度宗教生活的公開與私人的宗教儀式，在中世紀時期趨於穩固，且一直延續至今日。

**註釋：**

①密教理論反映出在一特定時代於許多南亞傳統中同時發展的觀念。佛教和印度教的教派均引用這些理論，這顯示出密教之觀念和實踐曾有過廣泛的影響力。

②John Stratton Hawley 和 Mark Juergensmeyer, *Songs of the Saints of India*, （紐約：牛津大學出版社，1988）P.137。

③Linda Hess 和 Shukdev Singh, *The Bijak of Kabir*, （德里：Motilal Banarsidass 出版社，1983）P.50。

# 4 現代時期 I
## *The Modern Period I*

## 印度教的實踐面

現代印度教徒的修持的主要風貌仍然延續《往世書》中所描述的宗教生活。棄世者冥想和尋求出離俗世，祭司吟誦經文和向神奉獻祭品，尋常百姓舉行公共和私人的祭神儀式，後者構成本章主要的核心。人們的祭神地點分為兩處：寺廟和家中。在這兩個地方，大多數宗教活動的時間都經過小心的規制。就個人而言，舉行祭儀的目的可能是為標示個人生命中的轉折點，或是標示個人對家庭情況的回應。就一個更廣泛的層面而言，祭儀是受到支配印度教的曆法所支配，而在其所規定的年、月、日中的特定時間來舉行。

## 寺 廟

### ■建 築

後世印度教和古代吠陀傳統之間最鮮明的對比之一，是當時寺廟成為地方祭祀中心時，後世印度教宗教活動之集中於特定場所一點。吠陀祭儀是移動性的，它們可以在任何一個建有火壇的地點舉行。不過在古典時期之前（320～500），寺廟已成為祭祀的中心。原先神居住於天界，信徒須以火做為媒介，將供品帶向天界以祭祀神；而如今，諸神被供奉於特定場所。今日這些寺廟即為諸神的居所，神內存於俗世中的場所。每一間寺廟均有一主神或女神，通常伴隨著其他的相關神祇，另外往往有一個建廟的故事，告訴人們神祇移居該地的始末。如是，印度這塊土地是諸神顯靈、形現人間之地。

　　在西元二十世紀之前，寺廟通常是由王室或是富人支持

北印度奧里薩巴納希爾的拉雅拉尼寺。

或贊助興建。贊助人捐贈寺廟金錢、珠寶、物品和土地等，因此，香火鼎盛的寺廟通常有充裕的財源。大型寺廟依舊擁有大筆土地資產以及接受信徒的饋贈。在現代，寺廟的獻金被用於支持慈善機構、教育單位和醫院。部分印度境內的寺廟甚至出錢，為南亞以外的印度教徒在他們的居住地興建印度教寺廟。

印度教寺廟建築充滿地方色彩，但可根據南、北兩種常見的形式分類。在這兩種建築風格中，印度教寺廟的格局均與宇宙和神的軀體有關。南印度寺廟的建築風格是主廟設在開闊的庭院中間，四面有牆壁與外界區隔開，並有四個門，上有塔樓（gopurams）。塔樓通常為階梯狀，每一層均以神像裝飾。這些塔樓有的非常宏偉，高聳雲霄逾二百英尺。較大型的印度教寺廟有如一座小城。信徒穿過大門走進內院，即可在中央神壇祭祀主神或女神，在四週見到數個祭祀諸神的小祠。這種格局與先前提到的壇場的模型有關；四個方向的標出以及內部小祠的小心設置，使得整個焦點導向位於中心點（bindu）的主神神像。是故印度教寺廟反映了整個宇宙。

北印度寺廟的建築風格最普遍的特色為**圓錐形屋頂**（shikara）。較早期的寺廟僅有一圓頂，突起於中央神像之上。後來，整個寺廟為圓頂所覆蓋，然後寺廟再擴大以使祭壇前有區域供信眾聚集。這區域可為一平頂或一較小的圓頂所覆蓋。許多寺廟有逐漸升高的多重圓頂，像山脈般隆起。

寺廟內也可能有一個舉行吠陀傳統火祭的區域。如今這些祭儀僅僅在特殊的情況下才舉行。許多祭儀過去一直由王室贊助，並且在與統治權有關的特別時刻舉行。因此當王室

式微後，這些祭儀也就消聲匿跡。少數婆羅門家庭至少仍保留這種古老的知識，若干研究基金會試著贊助舉行這些祭儀，以期做成紀錄影片，如此一來這些古老的習俗才不會蕩然無存。印度社會對其豐富傳統的一種新的敬意，也使人們支持較經常地舉行這些古老的祭儀。

## ■寺廟的神像

　　無論是北印度教寺廟或是南印度教寺廟風格，每個寺廟都以**胎房**（garbha-griha）為核心，此處是中央神像所在。神在此以具體的神像（murti）呈現出。濕婆神廟通常會以濕婆男根（Shiva lingam）作為主要神像，毘師拏寺廟則以毘師拏或是祂的人形化身的肖像為主要神像，而戴維女神廟則可能有表象或非表象的兩種型式。當信徒來寺廟膜拜，他們正是為了「神視」（darshan）而來，在此他們看到神也被神看見。事實上，神在神像內一點並不意味神只局限於神像內。神是無限的，而且能化為多種形相而絲毫無損其自身。寺廟中神的具體形象是為了信徒方便著想而提供的。

　　當然，某些印度教徒並不贊成神像膜拜。他們強調，神是永恆和無形的，因此沒有具體的形式，任何形式充其量不過是一個表徵。偉大的吠檀多哲學家商羯羅教導說，崇拜神像是使虔信專注的一種方式，而為禮拜無形之絕對者的準備工夫。值得注意的是，即使是吠檀多信徒也傾向於在廟宇中祭拜如儀。

　　寺廟中有描述諸神如何進駐該地的建廟故事，許多故事與史詩和《往世書》有關。一個位於提魯帕提（Tirupati）香火鼎盛的毘師拏寺廟，這裡的神被稱作文卡塔希瓦拉（Venkateshwara），是文卡塔山之神（the Lord of Venkata）。根據

傳統，毘師孥曾化身為一隻公豬以拯救地球免於為宇宙大水所淹沒，之後，毘師孥決定在此歇腳，此時文卡塔山即依照毘師孥的命令出現在現址。有些寺廟傳說著，神或女神為了一位極度虔誠的聖者而在某地現身和居留。一個寺廟的興建可能是因為一位國王的禱告，懇求神永遠臨在一個特定的地方，而神決定恩准國王的請求。通常供奉濕婆的寺廟其故事都會述說濕婆如何來到當地，並娶本地女神為妻，馬杜瑞（Madurai）的米納克希（Minakshi）廟即是一例。濕婆來到馬杜瑞並娶槃狄安（Pandyan）王國的公主米納克希為妻，與她共同成為統治者。米納克希廟每年均會慶祝這椿婚事。某些供奉戴維女神的寺廟所傳誦的故事，與稍早述及的沙提（濕婆的妻子）遭肢解的故事有關。當一位地方神祇需要新家時也可能有寺廟的興建。在泰米爾納都的孔庫區（Konku），黑女神（在當地被稱作卡利雅塔 Kaliyatta）拜訪一個家庭並要求這家人為她建廟。黑女神先前住在一處椰林中，在這個地方的三叉戟（trishula）象徵她的臨在。但隨著城市的建立，椰林為房舍所取代，居住於此的黑女神幾乎為人淡忘，興建一所寺廟提供了黑女神一個新家。

## ■寺廟儀式

寺廟內的祭儀由職業祭司執行。儀式的重頭戲部分稱為**普迦**（puja），是為神像的祭拜。在這個儀式中，神被當作是王室的貴客。人們幫神像沐浴更衣，獻上花圈並提供食物和飲料等供品。當可移動的神像在遊行中被抬出來，人們以雨傘遮住神像，並以歌舞娛神。祭司們向神呈上水果、鮮花或椰子等供品。普迦儀式的最後一部分稱作**阿拉提**（arati），由祭司在神像之前搖晃著小燈或火把。在阿拉提進行時，許多

# 寺　廟

寺廟是俗世與神界的橋樑，吾人可以從幾個方面來了解其間的關連。最基本的一點在於寺廟是神明的棲身之所，神明在此現身而同世人交接。但寺廟本身的建築結構也是神聖的，這是因爲寺廟的平面模型是宇宙秩序的具象複製品。

寺廟是宇宙複製品這概念可以以南部的寺廟建築爲例證。這裡，地面藍圖是以宇宙爲模型的一個「曼荼羅」，呈正方形格網狀。中央位置是內部神壇所在，象徵創造神如梵天等處所，圍繞著梵天的是神界，爲神祇和守護神所在。下一圈爲人界，在人界之外是魔界。在一個象徵性的朝聖過程中，信徒從世俗生活的外層世界穿過「神界」（devas），來到上神居住的內層神殿。一個人接近上神的外在身體活動，反映出一個人由世俗生活轉換到虔心拜神的心路歷程。

人界和神界間的關係也經由寺廟有如一座山的形狀和原人的身體呈現出來。印度北部的寺廟普遍呈山形，其中有些寺廟以偉大的神山須彌山（Meru）和大雪山（Kailasa）命名。一般相信，神祇居住在這些山的峰頂，因此參拜這些寺廟可替代前往這些山朝聖。山形的圓錐穹頂（shikara）聳立於胎房之上，後者是寺廟主神像的所在地以及廟宇力量的中樞。圓頂頂端和胎房沿著一個中心軸相連，沿著中心軸散發出神的能量。沿著這個中心軸上升等同於朝向解脫的過程，軸心的頂端是自輪迴解脫的最後目標。在宇宙圖象中，這個中心

軸是天堂的支撐。在神人同形論圖象中，它是原人的脊椎
骨，原人的身軀則是宇宙。這也與密教修行的微細脊柱相呼
應，蛇力與性力（Kundaline-shakti）沿此脊柱上昇以與濕婆
神相結合。

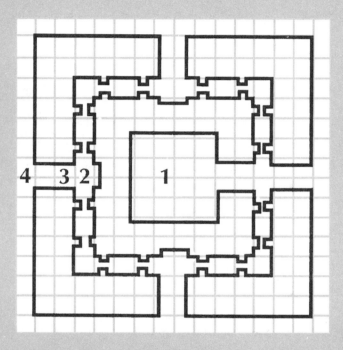

印布拉德希瓦拉寺的地基圖，顯示它的樓面如何仿曼陀羅建造。

信徒將手舉到額頭前,手掌合十,做行禮狀。之後,祭司將火帶到信徒之中,信徒以手成杯形在火焰上輕蓋,再以手碰觸他們的眼睛。經由這個儀式,神的力量和恩慈傳送到信徒處。在普迦儀式之後,信徒們取得**普拉沙得**(prasada),意思是神的恩賜。普拉沙得可能是一些供奉神的水果或鮮花,或是用以為神像沐浴的水和其他液體。在濕婆神寺廟中,普拉沙得通常是白色的灰燼,這特別與該神有關。食物通常被分食,水可能用來灑在頭上,一部分則喝掉。儘管信徒可能會吞服一點點白灰,白灰通常用來塗抹在前額上。所有這些東西在普迦過程中均為神接觸過,因而賦有神力和神恩,後者再輾轉傳送至信徒身上。普拉沙得是普迦儀式的最高潮。

　　進行普迦儀式時,寺廟中的情景與基督教會內的聖會截然不同。信徒們不是從事一單一、同時的團體禱告儀式。儘管他們齊聚一堂觀看祭司奉獻供品,寺廟體驗更大於個人:信徒們各自向神禱告、觀視神像、傾聽祭司的吟誦、向寺廟捐獻以及接受神的恩賜。這並不意味公共儀式中沒有社交的成份。寺廟中一直持續進行各種活動,祭司一天對每個神像進行至少三次的祭儀,而信徒絡繹不絕地進出寺廟。信徒拜倒在神前,向神禱告,而其他人在一旁靜坐冥想。信徒可能聚在一起齊聲歌吟虔信歌曲,讚頌神明,生病的信徒耐心坐在寺廟中等候神明治癒他們。當大人坐在寺廟一角研讀經文或與友人交談時,兒童們則在一旁遊戲。寺廟內充滿各種活動,但神與信徒的交流則只發生於個人層面。

　　一般而言,普迦是為了取悅神明而進行的祭拜。如果神祇獲得合宜的敬重,社區會獲得神庇護而欣欣向榮。倘若神明不高興,社區即可能招致災難。部分祭司因為現代社會的

問題是祭祀儀式進行失當的惡果。但他們很快指出，即使祭祀儀式進行得完美無瑕，也不能保證神明會有特定的行動。畢竟，神祇不為凡人所控制。

儘管祭拜是以虔心信愛來敬拜神，事實上大多數人前往寺廟祭拜是為了求神降福。社區會在遭逢旱災、洪潦、饑荒或是流行病時向神求援。信徒也會向神祇祈求有關病痛、生育和家庭收入等私人方面的協助。不過，如人所常言，這些日常問題對偉大的神而言不過是雞毛蒜皮的小事，此類事情通常求助於地方上的小神即可，所以這方面歸屬家庭祭拜的範疇。

# 家庭祭拜

## ■神　壇

在自家中拜神與寺廟中的拜神儀式有許多相似之處。每一戶人家均有一地區劃分出來以供祭祀家神；有的是在一特定房間內，有的則在房間內的架子上設立神壇。神壇上通常供奉數個神像，因為家庭成員可能各自祭拜不同的神祇。人們有一個**選中的神**（ishtadevata），與祂有一種特別的關係。一戶人家可能信奉濕婆為守護神，但其中一個兒子娶進門的妻子可能信奉女神杜爾迦，另一個兒子可能成為克里希納的信徒。因此，這三尊神的彫像或照片都可能安置在家中的神壇上。其他具特殊功用的諸神，譬如去除障礙的象頭神（Ganesha）和知識女神薩拉什瓦提（sarasvati）等，則可能放在主神的兩側。神壇上也有可能放著聖人的照片。非表象的濕婆和帶有象徵毘師孥之**化石魚印記**（shalagrama）的石頭均常見於祭壇上。這石頭被放置在一個蛇形小銀盒上。根據

《往世書》神話，毘師孥睡在一條巨蛇身上。

就家庭祭拜而言，地方諸神和女神經常較毘師孥、濕婆和戴維女神受歡迎，因爲許多印度人相信這三神主要是與宇宙的創生、維持和毀滅有關，而地方神祇則與人民的日常生活息息相關。大多數的村莊有一個保護神，通常是一位女神。特定的宗族可能會信奉某特定的神。因爲與土地和地方風土緊密關繫，地方神明積極地關切社群的福祉。村民會祈求諸神促成風調雨順、五穀豐收，諸神在疾病及豐饒方面尤其有大助力。

部分地方女神與疾病有特殊的關連，北印度的西塔拉和南印度的馬利亞曼是天花女神(天花現已絕跡)。這兩位女神受到甚多村落之居民的膜拜，但祂們並不是印度全國上下一致信奉的女神。溫度理論在解釋傳染病時扮演重要的角色。與傳染疾病有關的村落女神可能在身心兩方面出現過熱的現象，倘若祂們的熱度太高或是情緒激動，則可能會導致熱病。人們相信，感染熱病的人是遭女神附身，據說這樣做是爲了讓其他人分擔祂無法單獨承受的高熱。此時村民以降溫的祭儀來禮拜病患，並獻上動物祭品以安撫女神及爲女神降溫。

一般來說，婆羅門掌管的寺廟和村落祭祀習俗中的祭品種類不盡相同。較大寺廟中供奉的諸神通常享用素食祭品，而村落神祇則可能收到酒以及如雞、羊、甚至水牛等血腥祭品。倘若一地方神明擁有爲數眾多的信徒而被採納入祭司的寺廟傳統，人們就用替代鮮血的有色水等祭品來取代這些非素食祭品。素食和非素食神明之間的分別卻有例外，尤其是一些女神有時候葷素不忌。在慶典舉行期間，戴維女神可能

在印度，不分大城小鎮各處均有祭拜當地神祇的神壇。

以兩種形貌出現，譬如一壺水以及一座銅像。信徒以血腥祭品奉祀這壺水，而僅以素食祭品奉祀銅像。藉由這種方式，民間的祭祀習俗和祭司的祭儀可以一起進行。

主要的神祇一如地方疾病女神，可能會因溫度過高而需要人類的協助，以維持體溫平衡。在帕拉尼(Palani)的山上寺廟中，泰米爾神穆魯坎(Murukan)受尊奉為醫神。但穆魯坎的治病品質會受到季節、星象以及回應無數信徒的祈求引發的過勞所影響。一年之中人們舉行兩回慶典，一在大寒，另一在熱季，以求平衡神明的溫度。在熱季中，朝聖者會帶來裝滿卡維里(Kaveri)河河水的水壺，為神沐浴。據說此河的河水清涼媲美恆河之水。在冬天舉行的祭祀慶典中，朝聖者以粗糖做為穆魯坎的祭品，咸信粗糖有加熱效果。

某些地方神祇是死後被神化的凡人，祂們或是英雄，或為受安撫的鬼魂。這些英雄可能是過著虔心修行生活的聖者、為保衛社稷而捐軀的戰士，或是善盡婦道、在她們丈夫的火葬柴堆前自殺的婦女。有些人經由淨化他們在人間的行止而獲得神性化，因而得以協助祭祀他們的信徒。一般認為，由於他們原來是凡人，這樣的神明對人世間的疾苦特別關心，尤其關照那些住在他們生前所居社區內的民眾。另一方面，人們膜拜鬼魂甚至厲鬼是為了消災解厄。厲鬼是那些死於非命的幽魂，死亡的方式包括謀殺、自殺、意外死亡、罹病、難產死亡，或是任何造成早死之事情。死者因俗事未了含恨九泉，鬱悶憂歡，而傾向於令那些在世間享受他生前得不到喜悅的活人痛苦。舉例言之，沒有子嗣的婦女死後可能會對嬰兒不利。為鬼魂設立祭壇並加以祭拜，往往可以控制住厲鬼，甚至得到好處。通常這種拜鬼行為是由死者的親

屬進行，但倘若被尊爲神祇的鬼魂善於協助凡人，即可贏得更多的信徒。

地方神祇有時候被尊奉在小廟中，但祂們更經常受奉祀於戶外簡陋的神壇中。在這些神壇中的神像往往是非表象的，也許是一壺水、一棵樹，一隻稱爲特里蘇拉（trishula）的三叉戟，或是一塊上了紅漆的石頭。一個村莊女神的神壇可能坐落於村界上，以保護村民不受村外厲鬼的侵擾。被尊爲神的凡人經常在他們的墓碑前爲人所祭拜。

## ■宗教專家

除了婆羅門祭司之外，還有無數的宗教專家在家庭宗教生活中扮演一角。他們之中有棄世者、赤腳醫生、驅邪者和被神附身的靈媒。被稱爲**賢人**（sadhu）的棄世者以種種面貌出現。有些屬於僧院，其他人則爲遺世獨居的隱士。他們有些穿著橘色的衣袍，有的則一絲不掛，作爲他們脫離俗塵羈絆的鍛鍊之一。他們有些人勵行苦修，有些人依循知識瑜珈，將冥想和經文研讀合而爲一。儘管修行之路各異，賢人被尊爲聖者，因爲他們已經放棄安定的世俗生活，全心全意投入宗教修行。這些賢人者可能會在朝聖途中走過一個村莊，或在一村鎮附近居住以追求苦行。村人提供食物和禮物給苦行者，以表示對他們的支持。偶而，這些苦行者會給予那些尋求指導的人建議或是宗教教誨。由於賢人是瑜珈的修行者，一般相信，他們擁有特異的力量。放是人們可能會乞求他們的協助，以解決如乾旱等地方問題。

人們也可能尋求上師或精神導師的建議，上師是與一小批學生密切同修的宗教導師，但他們也與尊他們爲精神導師，以及景仰他們助人追尋宗教眞理之能力的社區人士往

來。某些上師本身就是賢人(棄世者)，但有些則是一般平民百姓。平民上師可能已將他們的注意力從物質轉到精神生活的追求上，但尚未覺有必要立誓放棄世俗生活。通常，他們的家人加入弟子行列，而精神導師之地位可能由他的下一代接棒。

除了這些宗教人物之外，還包括知曉身體、靈力與宇宙運行間的關係，而能為人袪病的醫療者等。這些醫師運用古老的醫術行醫，古代醫術基本的概念是，疾病為人體失去平衡的結果。飲食不當、精力過度損耗、邪靈入侵、以及受冷受熱等均可能會造成疾病。醫藥、儀式和改變飲食習慣都被用來治療疾病。

一個尼泊爾男子一項拜神儀式中擔任靈媒，圖中他進入了出神狀態。

神明附身在鄉村的印度教信仰中極為普遍，尤其是在南印度地區。神明附身分為幾種形式。當鬼魂或是邪魔附於一個人身上時，必須由職業法師來祛妖。也有正式的神明附身儀式，附身者包括為實踐誓言而以附身方式成為靈媒的算命師。尋求神助的人們參與朝聖或加入遊行行列，而在儀式中讓神附身，以榮耀該神。也有一種專家定期在特定儀式中被神明附身，其中一例為南印度的**乩童**（camiyati），神之舞者。他們在慶典期間為神明附身，成為神明暫時的傳聲筒。乩童擅長苦行之術，譬如赤腳走在熱煤炭上，以證明當時神明的確附身在他們身上，證明神力可使他們免於痛苦和傷害。當乩童被神明附身時，人們可以向乩童求教及求得安心的保證。

　　通常為神明附身者，亦是醫者、顧問和占卜者等多種角色混合在一起，因為這些是神的屬性，被神明附身的人一如神明。瓦利亞瑪即是一個明顯的例子。瓦利亞瑪是一名南印度婦女，獲召喚來侍奉穆魯坎神。她出生於一個供奉穆魯坎神的家庭中，每一年這家人都要前往帕拉尼山的穆魯坎廟朝聖。瓦利亞瑪在十二歲的朝聖途中被穆魯坎神附身。祂喻令瓦利亞瑪斷食並且保持沈默六個月。六個月到期後，她夢見穆魯坎要她在鄰近的村莊走上七天，同時她的舌頭必須以一根針穿過，然後再回到帕拉尼山的穆魯坎廟。在這七天中，她被穆魯坎神附身，且在村莊中沿街跳舞，因此村民開始視她為乩童。當她抵達穆魯坎廟時，穆魯坎神再度附身於她，賜給她神秘的真言，使她可以為人治病和占卜未來。從此，穆魯坎神的信徒即求她為他們看病解惑。她在一個房間中對著穆魯坎神的神像進行普迦祭儀，這個房間已成為一個「廟

屋」，她在儀式後像祭司般將香灰和水分發給信徒。①

## ■家庭義務

　　家是家庭「法」的範圍所在，人們在此踐履他們的傳統義務、日常奉獻，以及舉行如出生和結婚等特別的慶祝儀式。每一名家庭成員理應依照家庭「法」的義務行事。男性家長應工作養家，以支持他在社會中的地位。他應讓兒子獲得適當的教育和訓練，他們經營家中事業。他的妻子負責操持家務，準備飧食，並教導女兒廚藝。一個傳統的大家庭可能包括年輕的兄弟與他們的家人，協助照料家中生意和家務。出外工作的家庭成員通常會分攤家庭開銷。尤其是在照顧兒童方面，祖父母也會盡一臂之力。通常祖父母會向兒孫輩訴說印度教傳說和神話，將傳統的智慧代代相傳下去。年輕的家庭成員則必須尊重和服侍長上。

　　每一戶印度教人家均設有一神壇，通常是位於廚房中，在此食物清淨規則確保了環境衛生。家神受到如寺廟中的普迦儀式般的祭拜，但方式較簡化。家神在家庭中受到貴賓般的待遇。信徒會提供家神清水、食物等祭品，甚至焚香膜拜。倘若家神的形象是彫像，祂們可能穿著絲袍。家神的彫像和圖像均會以鮮花裝飾。家庭普迦儀式應定期舉行，最好是每天都舉行，但有些家庭是每週舉行一次。特別是在重大的慶典時，豪富之家、較高種姓家庭會雇請婆羅門人為他們舉行普迦儀式，但大多數的家庭儀式由平民進行。儘管在特別的場合男人往往受到重視，每天的祭祀責任傾向於落在婦女的肩上。普迦儀式在早餐前進行，在晚餐前的傍晚時分再進行一次。所有的食物在上桌前須先成為家神的供品。家庭祭祀儀式的主要目的在於確保闔家平安，但信徒也藉這儀式

展示他或她與其選擇的神明之間的私人關係。

　　普迦儀式不是家庭祭拜的唯一形式，全天無時無刻不是禮拜神祇的機會。每一個人應在一天開始時惦念著神，並且將該日的一切工作奉獻給神。村婦在早晨前往河邊取水和沐浴時必須作早禱，當她們返家時，她們會停下來向路旁祠壇內的神祇獻上一把米、一柱香或者一捧水。在都市地區，人們可能在上班或是辦事途中停下腳步，向神壇或是寺廟奉上供品。在一天當中遇到雲遊四方的棄世者上門就施捨食物給他們。此種稱為「布施」(dana)的施捨在印度教中已有悠久的歷史，它幫助苦行者維持生計，後者以整個身心奉宗教效能，能帶給施主們好處。研讀經文、吟誦讚歌以及覆誦眞言，也是人們每日之宗教實踐的一部分。

　　婦女經常在由印度陰曆決定的特定節日裡進行各種祈願儀式。這些祈願式稱作「福拉塔斯」(vratas)，這與法這個概念有關，因為它們滿全了一名婦女對家庭的宗教義務。根據習俗，藉由個人榜樣性的宗教行為，婦女可擁有保護她們家人的力量。因此，一婦女的丈夫和小孩身體健康，一般人就會認為她有婦德和福德，寡婦則被認為是不祥的女人。一般而言，祈願儀式出於決心(或自我許願或向一祭司表白)要進行祈願儀式。實際的祈願儀式包括進行普迦儀式和斷食。斷食有多種方式，從一餐僅以水果和牛奶裹腹到滴水不喝，這種行為與普迦儀式表現出的虔信相結合，可求得神明降福。一般而言，舉行這些儀式是要為家人和社群祈福，祈願儀式的目的包括像為了尋得如意郎君、確保兒子的出生與健康、求先生的壽命，以及祈求避免或是減輕乾旱和災厄。

　　祈願儀式也是婦女宗教生活主要的一環。儘管祭司可能

獲邀爲家庭進行普迦祭儀，婦女在大部分的家庭宗教儀式中扮演積極的角色。通常她們自行進行普迦儀式，共聚一堂分享食物、說故事和唱讚歌。她們結伴前往寺廟和聖河朝聖。儘管處於一個父系社會②中，藉由這種方式，婦女建立起一豐富的傳統，讓她們表達個人的虔信和發展她們與神明之間的關係。

　　對尋常老百姓和「苦行者」來說，朝聖是印度教習俗中另一項重要的儀式。因爲超越的神具體存在於某些地方，這些地方成爲涉水處或「橫渡處」（tirthas），在這裡神恩之施行更爲直接、明顯。朝聖者前往這些地方體驗神之臨在。朝聖者必須遵守複雜的規定，包括斷食、不近女色，以及接受如睡在地板上等苦行鍛鍊，以爲朝聖之旅作準備。朝聖者理應一路步行至他或她的目的地，但現代大衆運輸工具、甚至私人汽車已成爲可接受的替代方式。朝聖的目的地可能是一座寺廟，其中供奉朝聖者許願祈求佑助的神；朝聖地也可能是一條聖河。通常朝聖之旅在節慶季節期間展開。

　　「寶瓶大會」（Kumbha Mela）舉行前夕，包括平民和苦行者的數以百萬朝聖者會聚集在阿拉哈巴德以慶祝本會。阿拉哈巴德是印度最神聖的地方之一，因爲三條河流（恆河、閻末那河和不可見的薩拉什瓦提河）在此匯流。恆河是印度最神聖的河流，在恆河中沐浴可使朝聖者和他或她的前七世家人的靈魂淨化。印度曆法的特定日子在太陽初昇時分於這三條河的匯流處沐浴，可確保靈魂自轉世輪迴中解脫。這種靈魂解脫的也可在貝拿勒斯（又稱作瓦拉納西、卡希）而得，此處是印度最受歡迎的朝聖地點之一。印度人認爲貝拿勒斯是宇宙的中心，所有的神聚集於此，所有朝聖地在此合而爲

一。死於貝拿勒斯意謂著靈魂可自轉世輪迴中解脫。因此，為了那些以這裡為朝聖終點的人，貝拿勒斯設有廣大的火化場。

# 淨儀—印度教徒的人生儀式

**淨儀**(samskaras)通常被稱為是印度教的聖事，為引導印度教徒走在「法」的路道上的一種儀式。淨儀印度文 Samskara 這個字意指著「完美化」。它的儀式包括普迦、祈禱、吟誦古代讚歌和公共餐宴。出生、啓蒙入學、婚姻和死亡是最常舉行的個人淨化儀式。它也包括由婦女進行的多種地方祭祀儀式，以慶祝進入青春期、嫁得好丈夫、確保家人福祉，以及在懷孕期間相互勉勵。

## ■出　生

慶祝小孩出生的儀式包括贊助地方寺廟進行普迦儀式，和唱誦祈禱文以祈求小孩長壽、好運。記住初生嬰兒的生辰非常重要，如此才能為孩子占卜算命。當孩子長大成人之後，占卜對安排一樁美滿的婚姻尤其重要。印度人也會舉行特別的慶祝儀式，慶祝孩子的命名、第一次餵哺固體食物，以及第一次剃髮。小孩應取一個吉利的名字，因此父母常以神祇或英雄的名字為孩子命名。

## ■啓蒙禮

**啓蒙禮**(Upanayana)是為了慶祝孩子進入學生或梵行階段。通常三個較高社會階級的家庭會為男孩舉行啓蒙儀式，但今日一般僅見於婆羅門階級。男孩子依照禮儀沐浴淨身，換穿特別的服裝，然後被帶往拜見一位研究古吠陀學問的老師。這位老師在男孩身上綁上掛於左肩、由三股線組成的一

條聖線,並傳授這名男孩《吠陀經》第一課。第一課是背誦一首吠陀 Gayatri 真言:「我冥想太陽的光輝;願它光照我的心。」男孩終其一生應每天背誦這真言。在過去,幼年的受啓蒙者與老師同居一處,一起研讀經文,而今這項儀式多半具有一種社會功能,在啓蒙儀式之後,隨即舉行歡宴,這名少年可得到親友致贈的禮物。

## ■女子的青春期儀式

梵文經典並沒有記載有關婦女的儀式,但它們是南亞所有地方文化的一環。儘管慶祝女孩初潮的習俗在都會地區已不多見,但大多數的鄉村地區均有此類慶祝儀式。對泰米爾納都地區的艾亞爾(Aiyar)女人而言,女孩初潮來時必須獨處在一間暗室內三天。第四天,這女孩須接受沐浴淨身儀式,並且享用餐點。她的母親會帶她前往寺廟祭拜,然後再拜見其他家屬,年老的婦人向她搖阿拉提(arati)燈。在其他地區,一家人會為邁入青春期的女兒穿上新衣,用鮮花裝扮她的頭髮,並特別為她準備豐盛的茱餚,以慶祝她的初潮。這些慶祝活動可能猶如一場迷你婚禮,家人在此時送給這個女孩金錢和新衣。

## ■婚　姻

婚禮是大多數人一生中最重大的儀式。兩人結婚表示他們進入家長的人生階段,必須善盡家庭義務和社會責任。結婚是挑起責任的一個重大轉捩點。

印度人的結婚儀式因地而異,首先,一樁匹配的婚姻必須由家長出面安排。他們利用龐大的親友網路,為子女尋找未來的伴侶,也可能參考報紙上的分類廣告,以尋求較遠地區、甚至是其他國家的適當人選。依照理想情況,新郎和新

娘會來自相同的地區，講同樣的方言，及來自相同的社會階級。負責任的家長試圖爲子女找到相同教育背景和脾氣好的伴侶。女孩子的家長也會考慮新郎未來賺錢養家的能力，以確保女兒的未來衣食無憂，以及確定他沒有太多的年幼弟妹要照料，因爲如果如此，他的妻子就得做牛做馬服侍他們。

新人的星相必須相配。在現在的科技時代中，通常是以電腦行占星術。不僅兩人的星座要能互補，且一般相信兩個人的命運各有好壞起落。運氣的起落應使兩人的運氣可以相互平衡，以避免過度的勞頓。一旦找到匹配的人家，男女雙方家人就會相聚，稍後新人才有機會見面。有時候，新人會堅持在結婚前多交往一段時間以增進彼此的瞭解。今日，都會生活和男女同校教育已使「自由戀愛結婚」（love rnatches）的人數大增，但媒妁之言的婚姻仍然相當普遍。

參加婚禮的人須繞行祭火壇，祭司則在一旁唸誦吉祥的真言。婚禮禱詞祈求面對逆境的力量、健康、多子多孫、長壽以及新人對彼此的信念，這些都是美好生活的要素。經由婚姻關係，新郎和新娘成爲家庭責任的夥伴，對祖先而言，他們共同挑起傳宗接代的義務，以確保祖先祭儀綿延不斷。他們也以家中舉行的祭祀儀式克盡對神祇的義務。

藉由遊行、交換禮物和喜宴，婚禮也成爲一項重要的社會慶祝活動。新人家庭以歌舞聲樂和燃放鞭炮招待賓客。婚禮是社會地位的展現，因此辦婚事的家庭都卯足全力，對婚禮的開銷毫不吝嗇，甚至於爲了辦一場極盡鋪張的婚禮不惜舉債度日。儘管實際的婚禮僅需花費數小時，有時候慶祝活動會持續數天之久。

■死　亡

處理死者屍體的工作落在家人手中，他們以遊行方式將屍體抬到火葬場，並在屍體火化時誦念特定的祈禱詞。死神會在此被請求，請祂給予死者與祖先們同在的一個好位子，人們也請其他的神為死者向死神說情。人們請求火神將死者安全地送到列祖列宗當中。一旦屍體火化後，死者的骨灰將拋進聖河或是埋在土裡。「苦行者」和兒童的屍體通常不採火化，改以土葬。

在葬儀之後，家庭成員將會依淨身儀式在小溪或是河流中沐浴。因為家人去世，這個家庭將在一定時間內處於不潔的狀態中，並且勢必得抑制與他人之間的來往。死者的靈魂在死後最初幾天為鬼魂，必須有人舉行名為降之靈（shraddha）的儀式以提供飲食，直到進到祖先的世界為止。這個儀式以供奉食物和吟誦為死者親人祈福的祈禱文為主。家中長子在火葬後以水和飯糰餵食亡靈，給予它往生之路的力量。一旦靈魂進入另一個世界，做長子的仍在他父母去世後的第一年每月初一當天，為祖先舉行降之靈祭拜儀式。一年過後，這項祭拜儀式則改為每年舉行一次。因為舉行此種儀式是長子的責任，所以印度教徒特別重視生男孩。如果膝下無子，只得永世做孤魂野鬼。

# 慶　典

印度教的節慶多得不勝枚舉，其中有些是印度全國上下普遍慶祝的，有的僅是地方慶典。印度寺廟均有與其供奉神祇有關的特別慶典，而這些廟會慶典往往吸引成千上萬的人潮。此類慶典活動的重頭戲是神像繞境（murti）城鎮的遊行儀式。大多數的寺廟有其所供奉神明的神像。有時候，這些

神像是由信徒扛在肩膀上，但對那些較大型寺廟而言，神像可能是放在車子上，後者基本上是一個流動的寺廟。這種神像繞境過程可能包括大象、馬、樂師和參加慶典的苦行者，人潮跟隨在神像之後，人們將鮮花、水果和銅板丟到載運神像的車輛上。基本上，它像是一場皇家遊行，只不過在此「君王」是神明而已。

家庭禮儀也是節慶活動的一部分。要鉅細靡遺地說明所有的印度慶典是不可能的，但在此舉出幾個例子將有助於略窺全貌。第一個例子是象頭神節，這是馬哈拉施特拉地區最普遍受到重視的節慶。這裡的解說③將探討象頭神慶典中神之臨在的意義。第二個例子是祭拜女神的九夜節（Navaratri festival）。人們以不同的方式詮釋這個節日，這顯示即使是南亞大多數地區共同慶祝的一個節日，也可以有許多不同的風貌。

## ■象頭神節

象頭神（Ganesha）在一切行事前為人所禮拜，因為祂是創生和破除障礙之神。祂也協助信徒接近其他的神祇，且帶來成功和幸福。印度教徒在舉行儀式、啟程朝聖、旅行、開學、開業、甚至展開一天活動之前，會敬拜象頭神。兒童在考試卷上頭寫著象頭神「真言」，詩人在寫詩時會祈求象頭神賜予他們靈感。象頭神是家庭的守護神，保護家屬和家中神明免遭不祥之事波及。

一般認為，象頭神庇祐人們免受邪力侵擾以及帶來好運的能力，在印度曆法中的特定時間特別靈驗。印度教宗教年根據月亮運行而定，每一個月分為盈月和虧月，盈月時月亮漸轉為盈，而虧月時月亮逐漸轉為虧。盈月是好兆頭的，是

在繞境敬拜印度教主神毘師挐神期間,一個高達四五天的慶典車成了印度布里的一個主要街景。

開展新計畫的好時機;而虧月時則可能會帶來失敗。虧月的第四天是最危險的日子,因此人們向象頭神祈願,祈求避免災厄。這祈願通常包括供奉祂最喜愛的甜食、普迦以及斷食。這種苦修和虔信的結合是祈求庇祐和乞靈於象頭神之解厄能力的方法。盈月的第四天稱之爲「象頭神的第四日」(Ganesha's Fourth),是展開新計畫的最佳時機。

在巴達帕達(Bhadrapada,陽曆八月至九月)月份的象頭神的第四日當天,馬哈拉施特拉州會舉辦盛大的尊神慶典。在慶典期間,家家戶戶在家中祭壇上放置一個陶製象頭神像。在象頭神抵達之前,家裡必須徹底清掃乾淨,一家人必

# 貓頭鷹讀者服務卡

◎**謝謝您購買《宗教的世界：印度教的世界》**

　　為了給您更好的服務，敬請費心詳填本卡。填好後直接投郵（免貼郵票），您就成為貓頭鷹的貴賓讀者，優先享受我們提供的優惠禮遇。

姓名：_____　□先生　民國_____年生
　　　　　　　　　　　　　□小姐　□單身　□已婚

郵件地址：□□□_____　縣　　　　　　　　　　鄉鎮
　　　　　　　　　　　　　　　　　市_____　市區

_____

聯絡電話：公（0　　）_____　宅（0　　）_____

身分證字號：_____　傳真：（0　　）_____

■**您所購買的書名：** _____

■**您從何處知道本書？**

□ 逛書店　　　　　□ 書評　　　　□ 媒體廣告　　　□ 媒體新聞介紹
□ 本公司書訊　　　□ 直接郵件　　□ 全球資訊網　　□ 親友介紹
□ 銷售員推薦　　　□ 其他_____

■**您希望知道哪些書最新的出版消息？**

□ 旅遊指南　　　　□ 社會科學　　□ 自然科學　　　□ 休閒生活
□ 文史哲　　　　　□ 通識知識　　□ 兒童讀物
□ 文學藝術　　　　□ 其他_____

■**您是否買過貓頭鷹其他的圖書出版品？** □ 有　　□ 沒有

■**您對本書或本社的意見：**

城邦出版集團

貓頭鷹出版社 收

1 0 0

台北市信義路二段 213 號 11 樓

須沐浴淨身。之後，象頭神像被放在家中祭壇上並被施以聖禮，如此一來，它便成為象頭神的化身。聖禮儀式是在一名婆羅門指導下進行，但一家之主才是儀式的要角。隨後接著舉行繁複的普迦儀式，將象頭神奉祭為貴賓。此一祭儀包括洗淨一顆做為象頭神代替品之檳榔的儀式（因為這神像一旦浸在水中就會溶解掉）。象頭神神像將繼續放置在祭壇上至十天之久，在整個期間，每天晨昏須唱誦讚歌，並且供奉鮮花、焚香和點亮祭祀燈，以祭拜象頭神神像。

隨著象頭神造訪日子的結束，人們便舉行一次簡單的儀式以去除該陶土神像的神聖地位。印度教人家再一次以鮮花、素果供奉該神像，並對它唸誦祈禱文，然後祭祀者象徵性地闔上神像的眼睛，這個陶土像即不再是象頭神的化身。之後，他們將陶土像帶往住家附近的河流，並將它浸入河水中，使之溶解，化為無形，有如象頭神返回祂原初的宇宙狀態。在慶典期間，象頭神會進入神像中，慈悲地暫時停留在老百姓的家中，以讓人們膜拜祂和更接近祂，但終極說來，祂是無形和無限的。很多印度教慶典都包括有像這樣，對神像施以聖禮、使之在儀式期間形同神之化身的過程。這也影響了人們對寺廟裡的神像的理解方式。

### ■九夜節

九夜節（Navaratri）一連持續十天九夜。它是一個慶祝豐收的節日，在九月中旬至十月間的新月時分，以祭拜女神薩拉什瓦提、吉祥女神和黑女神杜爾迦（或山女神）。九夜節的農業象徵幾乎為所有印度人所認許，在九夜節慶典期間冒出的秧苗，尤其是大麥，象徵女神顯靈。但這個慶典在不同的地區也有不同的額外意義。在孟加拉，九夜節稱為杜爾迦

節，慶祝黑女神杜爾迦戰勝牛魔王瑪希沙（Mahisha）。爲了擁有杜爾迦女神驍勇善戰的能力，在過去士兵和統治者會膜拜他們的武器，並在第十天時祈求杜爾迦女神賜予他們軍事勝利。孟加拉人會設立黑女神的塑像以爲女神的化身，而在慶典十天內供民衆膜拜。女神會在慶典中收到山羊、綿羊、甚至水牛等動物祭品。當九夜節進入尾聲時，女神神像被移除其神化地位，並被沈浸入水中。

在部分地區，九夜節的最後兩天稱爲阿尤達普迦（Ayudha Puja），意指「武器和機器的崇拜」。阿尤達普迦慶祝《摩訶婆羅多》的英雄有修找到且禮拜他的武器，而昂首走向戰場的那一天。在現代，印度教徒禮拜現代化的器具和車輛。人們在這個節慶中將花環掛在汽車和公車上，爲電腦和打字機祈福且不在這兩天使用它們。九夜節的第九天稱爲莎拉斯瓦提普迦日，人們在這一天祭拜學習和音樂女神莎拉斯瓦提。人們在莎拉斯瓦提女神神像之前擺放樂器、文具和經書，祈求女神祝福人們一切順遂。第十天膜拜吉祥女神，人們啓用新帳本、展開新計畫，並在室里（shri 意指漂亮）這個字的書寫儀式之後，開始新的學習研究。室里是吉祥女神的一個名字。繁榮、智慧、和音樂均來自九夜節所榮耀的諸女神的賜福。

在泰米爾納都，九夜節大致可說是一個婦女節慶。印度教人家會另設一個房間，以顯示兩部史書與《往世書》場景的方式擺設幾個玩偶。每一天傍晚，婦女和兒童穿戴妥當齊聚一堂，讚賞玩偶展示並一起唱誦女神讚歌。九夜節的最後兩天膜拜莎拉斯瓦提和吉祥女神。人們在布偶前放置這兩尊女神的圖像，並掛上花圈以供人膜拜。

在古加拉特（Gujarat），印度教徒圍成圓圈跳舞來慶祝九夜節，在圓圈中間的一盞聖燈即代表女神的顯現。部分印度教徒將九夜節與《羅摩衍那》連繫起來，認為它在紀念羅摩王勇戰魔王拉瓦那。 在瓦拉那西附近的曾尼加（Ramnagar），九夜節慶典的最後一部分慶祝羅摩戰勝諸惡魔，這慶典在長達一個月的羅摩戲快要結束時舉行。

慶典時程和慶典儀式呈現出印度教的多樣性和統合性。一個南亞地區普遍舉行的慶典可能有多種不同的意義和活動。在同一時間內，各地區舉行其他地區的印度教徒所不了解的慶祝活動；不過信奉印度教的不同地區與教派的人們，卻共享有關聖地與節日的一般模式。

**註釋：**

①出自 Manuel Moreno 在 *Gods of Flesh, Gods of Stone* 中的文章 " God's Forceful Call：Possession as a Divine Strategy（賓州：Anima 出版社，1985）。

②出自 Anne Mackenzie Pearson 的著作 " *Because It Gives Me Peace of Mind* "： *Ritual Fasts in the Religious Lives of Hindu Women*（Albany：紐約州立大學出版社，1996）。

③根據 Paul Courtright 的著作 *Ganesha： Lord of Obstacles, Lord of Beginnings*（紐約：牛津出版社，1962）。

# 5 現代時期 II
## The Modern Period II

## 改革的力量

前面章節討論過的信仰和儀軌仍普及於現代的印度教生活中，但十九和二十世紀的新發展已使印度教產生某些變化。十九世紀帶來印度教的復興和改革運動，以及一項在世界宗教的脈絡下界定印度教教義的新努力。由於在二十世紀界定印度教的需求成為印度國家主義之形成的一部分，這需求在二十世紀依然受到重視。如今對印度教下定義一事與印度之國家認同諸議題息息相關，不但在印度如此，在全球其他國家亦然。為了在都市化和全球移民的世代中適應新的社會環境，現代印度教的法也隨之有所修改。

## 復興與改革

十九世紀為印度教宗教生活復興和改革的世代。在這段

期間，印度教徒有意識的著手界定他們的宗教傳統。定義對區分各傳統彼此間的異同格外重要；綜觀南亞歷史，佛教和伊斯蘭教先前都曾經將它們自身和印度教傳統區別開來，所以先前印度教並不需要界定它自己。十九世紀時，印度淪爲英國殖民統治，部分印度教徒開始覺悟到界定他們的宗教傳統的必要性。他們受到如基督教傳教士的壓力、在英國的旅遊經歷，以及在英國學校接受教育等衆多因素的影響。隨著西方教育而來的一種假設是，宗教傳統與社會習俗是有區別的，因而產生批評無可接受的「社會」習俗做法，即使這些社會習俗早已爲宗教制度賦予權威。這樣做爲宗教改革鋪路，雖則這些宗教改革領袖不願意以西方傳統取代印度教，而僅僅廢除一些偉大宗教所不應該有的習俗。宗教改革運動的領袖對印度教的宗教傳統——尤其是《吠陀經》和《奧義書》中博大精深的哲學思想——深以爲傲。因此，宗教改革也使研究古代經籍的興趣再度萌生。

■梵　社

　　第一次的宗教改革運動是羅伊（Ram Mohan Roy, 1772-1833）於一八二八年創立的梵社（Brahmo Samaj）。羅伊出身於孟加拉的一個婆羅門家庭中，在一所伊斯蘭教大學接受教育，畢業後服務於加爾各答的英國東印度公司。東西方哲學均是他鑽研的領域；他的宗教改革引用了《奧義書》、商羯羅的不二一元論吠檀多、伊斯蘭教的蘇非派（Sufi）神學、唯一神論和自然神論派等思想。他信仰自然神論派的上帝，一個超越的創造者，由於祂的本質無可名狀，所以無人認識祂。羅伊認爲，儘管各個宗教的外在修持各異，但它們的核心都有此一相同的概念；因此，他倡導寬容以及相信所有宗

教基本上是一體的。羅伊專注於理性和道德，藉由理性和對神所創造之自然世界的觀察，一個人可以認識神以及認識普遍的道德法則。

羅伊認爲《奧義書》和《梵經》中的教誨是人類最高智慧，並希望藉由消除後來幾個世紀出現的道德淪喪來淨化印度教。他大力反對譬如童婚和寡婦殉夫(sati)等不見諸《奧義書》的習俗。他譴責《往世書》和密教的祭儀，尤其是神像的膜拜。事實上，羅伊對通俗宗教嗤之以鼻，僅接受《奧義書》中神是不具人格的絕對者的概念。梵社的儀式是參考基督教的禮拜儀式，其聚會包括研讀《奧義書》、講道和讚歌等。羅伊也致力在印度創立西方科學教育。在羅伊身後，梵社內部出現分裂，部分成員不再配戴聖線，以顯示他們高、低種性一律平等的信念，但較保守的信徒則仍相信種性階級制度。

此一內部分裂以及一些相關問題反映梵社成員在社會秩序中的地位。在二十世紀以前，兒童嫁娶和寡婦自殺基本上是高階層社會的做法。駁斥通俗的有神論和支持信仰不具人格的大梵是一個知識菁英份子的立場，但一般村民則認爲個人虔心敬拜神是宗教經驗中最重要的一環。梵社吸引了非高度正統派的婆羅門人和新興的都市中產階級。其成員人數不是很多，但這項宗教改革運動劃分了社會習俗與宗教的區別，之後並以「端正」宗教道德之名要求進行社會革新。這種批判質疑了印度正統教派對印度教的定義。

■雅利安社

第二個宗教改革運動是由達耶南達‧薩拉史瓦提(Dayananda Sarasvati，1824-1883)於西元一八七五年創立

的雅利安社(Atya Samaj)。不同於認同西方科學和部分西方社會道德的梵社，雅利安社以《吠陀經》世上最高知識和道德的源頭，即使往後梵文經典也無法媲美，而眞正天啓則是在《梨俱吠陀》的讚歌中。雅利安社鼓勵以印度教古老傳統爲傲，積極反對基督教和伊斯蘭教的傳教工作。

以吠陀早期的讚歌爲基礎，雅利安社倡導膜拜一非人格的神並且反對神像祭拜、化身信仰、史詩和《往世書》神話信仰以及朝聖等「迷信的」習俗，因爲這些都不是《吠陀經》中的教諭。達耶南達對推動社會改革不遺餘力，譬如剷除童婚以減少寡婦人數，支持婚姻自由替代媒妁之言，以及鼓勵男孩、女孩應有公平的教育機會。他認爲教育是教導人們成爲好印度教徒的途徑，並可促進國家團結。爲了進一步達成這些教育目標，雅利安社在全印度普設學校，稱爲古魯庫拉(gurukulas)。學校內教導印度傳統的語言梵文，以及達耶南達致力推動成爲國語的印地語。

雅利安社對印地語的注重顯示出它的地源關係。雅利安社在印度北部非常成功，甚至成功地說服人們放棄基督宗教和伊斯蘭教信仰。它讚頌吠陀傳統一事提振了印度人的自尊，這運動也大大吸引了十九世紀的商人階級，以及定居於南非和斐濟的印度教徒。但與梵社一樣，雅利安社也無法獲得普羅大眾的迴響，因爲後者認爲，宗教生活意味著虔信敬拜和個人對神的直接體驗。儘管成員有限，但這項改革運動在建立印度教與國家認同之連結一事深有影響，此一連結攸關現代印度的政治運作。

■羅摩克里希納傳道會

雅利安社和梵社這兩項社會改革運動，均由接受西方教

育的上層社會階級所發起。另一項影響來自基於孟加拉虔信傳統的聖者羅摩克里希納（Rama Krishna），及其弟子維卡南達（Vivekananda）的虔信體驗。羅摩克里希納（1836-1886）出生於一個信奉毘師孥的婆羅門家庭，並在加爾各答近郊一座供奉黑女神的寺廟中擔任祭司。他潛修如冥想、向女神唱誦讚歌等虔信修持法，並因而進入夢幻般的境界，在此他見到了黑女神。最後，他對虔信修持法的積極投入迫使寺廟必須指派另一名祭司負責寺廟活動。羅摩克里希納仍住在該寺廟中，並在兩名上師的指導下於靈修方面大有進展。第一名上師是一名婆羅門女子，教導他如何以密教修持法控制個人的情感，以及導引他體內的能量。第二名上師是一名「苦行者」，教導他冥想的技巧，以體驗自我和梵的同一性。羅摩克里希納曾看到眾多神祇，包括耶穌基督在內。他也研究基督宗教和伊斯蘭教，並且依循這兩種宗教的教義，直到他認為他已達到每一種宗教的最後目標為止。在他的體驗中，每一條宗教道路的盡頭是相同的，因此他斷定所有的宗教都是真實的，它們只不過是採取不同的途徑來達到相同的終極目標而已。

羅摩克里希納生前被尊為聖者，且有許多的信徒，其中之一為納倫達納・達塔（Narendranath Datta）；他是梵社的一名年輕成員，在與羅摩克里希納會面並取名為維卡南達之後，成為一位棄世者（sannyasin）。維卡南達（1863-1902）對南亞和西方的現代印度教認同的發展有極深遠的影響。他於一八九三年前往美國，參加在芝加哥舉行的世界宗教會議，在這次會議中，他對印度教的描述成為下一世紀大多數西方對印度教傳統的詮釋的基石。維卡南達觸動了西方觀眾的心

弦，並在美國一舉揚名。人們對他的教義大感興趣，於是他於一八九五年在紐約創立吠檀多社會（Vedanta Society），與美國人分享他的觀念。維卡南達獲得的讚揚使他舉世聞名，在印度老家更成爲一位民族英雄。他的成功使印度教徒深感爲傲，因爲印度教徒首度發現西方人公開讚揚他們的信仰，而非告訴他們說印度教是一種應予以揚棄的落後傳統，並應改信「現代的」的基督宗教。藉由維卡南達的努力，印度教得以獲世人尊重而爲一世界宗教，與猶太教、基督宗教、伊斯蘭教和佛教並列爲五大宗教之一。

維卡南達哲學的基礎是不二一元論吠檀多。他認爲神是無所不在的，而生命的目標應是在於體認個人與神性的一致性。基於這個人生目標，維卡南達發展出社會計畫。由於神是無所不在的，因此沒有高低階級之分，尋求在自己和他人處發現神性的努力導致對所有人的慈悲爲懷。羅摩克里希納傳道會建立於一八九七年，藉由教育和社會改革來協助人們並幫助病患。傳道會是由主持它的學院、高中和醫院的僧團領導，在籌組這個傳道會時，這種僧團制度在印度是獨一無二的，因爲它的成員必須爲世人服務，而非過著苦行的隱士生活。僧團傳授維卡南達的「新吠檀多」印度教，強調印度教的包容觀念。所有的印度教教派，乃至所有宗教均是殊途同歸。這種觀念被抨擊爲將印度教傳統過度簡化，但它卻深獲受英國教育的都市階級的青睞，後者需要在印度教傳統和他們生活其中的現代世界中尋得一平衡之道。

十九世紀的宗教改革脈動並不是歷史上的頭一遭，許多偉大的詩聖均已批評社會階級制度、婦女的醜化和空洞的儀式主義。但這些詩聖主要針對宗教生活內的問題表達其不

滿。他們試著指出階級制度和性別不是決定個人與神之關係的因素，真心虔信較祭司儀式有著更崇高的價值。詩聖們並不想要改革社會秩序，他們頂多只想推動虔信實踐。在十九世紀，改革家開始批判似乎不可接受的社會習俗，即使一般認為這些習俗有其宗教根據。這些對傳統的挑戰，在人們再度對《吠陀經》和《奧義書》所蘊含的啟示萌生興趣的同時獲得支持。這兩部古代經典成為「純粹」宗教和道德的依據，用以譴責不合乎吠陀理想的社會習俗。逐漸地，中世紀的詩聖被視為是西元十九和二十世紀之改革者的先驅，而他們對宗教制度的批評則由後者延伸至更廣泛的社會階層。在今日，大多數的印度教徒視卡比爾等挑戰傳統的聖者為社會改革家。

## 印度教和國家主義

印度教在印度國家主義發展中扮演一個舉足輕重的角色。國家主義需要中央行政管理，以及一種國族整體的認同超越個人和地方認同的意識。英國的殖民統治為現代印度國家主義提供了所必要的中央集權政府，但凝聚民眾的意識卻是基於各方共有的印度教語言。儘管話語和文化互異，信奉的神明和教派各異，印度教提供了印度不同地區和社會階層的共同象徵和理想。在印度脫離英國而獨立後，這種印度人身份認同與印度教徒認同之間的關連一直持續下去，在政治和社會運動中扮演了重要的角色。

### ■獨立運動

印度脫離英國獨立運動的領袖運用印度教的修持和理想，來博取普羅大眾的支持。他們強調信奉外國宗教的英國

人的他者性(otherness)，而且以影響既有習俗的政府法律為破壞印度教之惡法。因此，舉例來說，當殖民政府判定強迫寡婦殉夫為違法，且制定寡婦可以合法再婚的法令時，即使梵社和雅利安社已為此類改革進行了多年的遊說工作，但許多印度教徒仍認為這項新的法律是印度教的一項基督教的顛覆一項陰謀。這種外國宗教迫害的認知助長了信奉印度教的印度人的團結意識。

提拉克(B.G. Tilak，1856-1920)在致力將印度人民組成國家主義團體時，便運用印度教作為普遍訴求的資源，尤其是在他的老家馬哈拉施特拉。藉由地方方言馬拉提語的報紙，他大聲疾呼反對英國危害印度傳統習俗的法案。他利用傳統宗教慶典做為對公眾發表演講和進行政治教育的場合。他藉由重新大肆慶祝象頭神慶典以激發一種印度教國家主義。他支持在印度普獲重視的母牛保護協會。對許多人來說，母牛是印度教的象徵，代表自然界的生產力和豐饒，各教派均尊奉母牛為母性的象徵。印度教不殺生(ahimsa)的觀念被廣泛用於人不可殺害母牛的信仰上，從而關切、保護母牛不受其敵人(吃牛肉的英國人和伊斯蘭教徒)的傷害，這態度成了一股強有力的團結力量。

提拉克也引用希瓦吉(Shivaji)的傳奇。這位偉大的馬哈拉施特拉將領在十七世紀時領軍擊敗蒙兀兒人。正如同希瓦吉趕走蒙兀兒人一般，英國人也應被驅離印度。提拉克將希瓦吉的出生日定為紀念日，以宣揚自治(svaraj)的觀念。提拉克本人被視為是希瓦吉的化身，有些人甚至認為他是毘師孥的「化身」，像羅摩王和克里希納那般重建正義。

利用印度教過去的英雄所產生的副作用之一，是創造一

種不但反英國也反伊斯蘭教的國家主義。同一時期的孟加拉文學運動也發生了類似的例子。孟加拉文學充斥著神秘的國家主義色彩，強調印度的過往，尤其是拉普特（Rajput）戰士對抗伊斯蘭教徒入侵的光榮事蹟。在這些文學作品中的伊斯蘭教徒象徵所有的外國統治者，他們事實上是指英國人，但所有的伊斯蘭教徒也終而爲這些文學作品所醜化。

孟加拉文學的第二個主題以印度爲一塊聖地，將之擬人化爲一女神。對黑女神的無私信愛被轉用到印度母神（Bharat Mata）之上。印度母神是一個團結的象徵，是她所有印度子民的女神。但其他宗教在此卻沒有空間，畢竟，這塊神聖的土地本身即是一印度敎女神。穆罕達斯‧甘地（Mohandas K. Gandhi，1869-1948）則強調獨立的印度應包容其他的宗敎，尤其是伊斯蘭敎，但他也使用印度敎的語言宣揚他的民族主義。

甘地將傳統宗敎聖者的生活與人民尋求脫離外國統治的想望結合在一起，漸漸成爲印度人民的領袖。他的偉大功績在於將人民帶進獨立運動。他敎導人民國家命運匹夫有責的意識，且促使個人認同成爲國家認同的一部分。甘地的權威來自「苦行者」身份，依循印度敎的法而行事。一般相信，瑜珈可賦予身體、心靈和宇宙本身力量。做爲一名瑜珈修行者，遵守冥想、斷食、靜觀、獨身以及不殺生的軌則，甘地擁有宗敎導師的權威，他成爲大眾的上師。甘地也曾在印度獨立運動中引用宗敎典範。他參加朝聖之旅以敎導人民並抗議法律；他倡議非暴力的反抗，以符合印度敎「避免傷害他人」（ahimsa）的信仰。他描述印度獨立的目標是羅摩王國（Ram Rajya）的建立，是爲與《羅摩衍那》的羅摩王有關的

法的統治。甘地也藉由「**造福一切**」（sarvodaya）的觀念將印度教與社會工作結合。他將對家庭和社群盡義務的傳統法的概念，延伸至涵蓋人對印度這國家及其所有國民的義務。

　　印度在西元一九四七年間贏得獨立，但並非成為一單一國家。印度次大陸遭到分割，在伊斯蘭教徒居大多數的兩個地區單獨建立一個伊斯蘭教國家巴基斯坦。其後，東巴基斯坦獨立建國為孟加拉。此一分裂造成數百萬的印度教徒和伊斯蘭教徒顛沛流離，並歷經恐怖的流血衝突。生命、土地和人民生計的損失造成彼此接壤的邊界地區紛擾不安。在接下來數年，由於基於宗教信仰不同所造成的分立意識日漸高漲，兩大宗教族群斷斷續續發生不少暴力衝突。

　　印度教徒和伊斯蘭教徒間的緊張關係，僅是稱做「**宗教社群主義**」（communalism）的境況的一個鮮明範例。宗教社群主義意味著依據宗教社群取向來界定社會和政治利益。這種分割方式可依照宗教立場的不同，也可以依照教派的不同。一個團體的成員共享一宗教用語而以不屬於自身團體者為「外人」。從二十世紀初期起，給予少數團體特殊福利以及公職代表權利的做法，反而增大民眾間的分隔意識。弱勢者為了享受特權便繼續維持弱勢。這一切增強了階級劃分，也使民眾以派系觀念而不是從國家整體來思考問題。

■印度教徒性

　　印度憲法將印度定義為一個非宗教國家，但賦予多個少數團體特權，從而即使它們人數有限，也享有代表權和各種機會。這些團體有一部分為少數宗教團體，譬如伊斯蘭教、基督宗教、錫克教和耆那教。其他是傳統上在社會階層中屬於最低階級的族群。因此，舉例而言，印度政府為賤民（吠

舍)階級民衆(今稱爲 Dalit，即受壓迫者)保留特定比例的公職工作。

這種爲少數團體保留工作機會與政治代表名額的做法，終於造成了衝突。許多印度教徒覺得，居多數的他們應能擁有一個根據他們的信仰所建立的國家，而這個國家中的少數團體不應被賦予優惠的待遇。技術性及非技術性員工失業的情況更進一步激化了這衝突。因而出現了幾個推動保障多數印度教徒權利的組織，積極倡導建立一個印度教國家。

其中最早出現的組織是印度教馬哈薩巴(Hindu Mahasabha)，於西元一九〇六年成立的這個組織以維護印度教的生活方式爲其宗旨。它的成員認爲安撫少數團體的政治努力有損印度教徒的利益。在爭取印度獨立期間，接受西方世俗觀念，以及對伊斯蘭教徒「過度」讓步以維持團結的行爲，被視爲是背叛印度教傳統的作爲。這個組織於西元一九二〇年代東山再起。當時這個組織的領袖之一沙瓦卡(V.D. Savarkar)創造了(印度 Hindutva 教徒性)這個新字，以解釋宗教與國家認同之間的關連。這個字的意義爲印度教徒性。對沙瓦卡而言，印度教徒的定義是其祖先世居印度、視印度爲一聖地與宗教搖籃的人。他以這個定義描述印度人民共享的文化的印度教。這種的身分確認可擴展到在印度發展的錫克教、佛教和耆那教，但不包括基督教和伊斯蘭教在內。

世界印度教徒會議(Vishva Hindu Parishad；VHP)創立於西元一九六四年，爲致力建立印度教國家最有影響力的組織。VHP 凝聚了各教派的宗教領袖和印度境外的代表，致力於在全世界宏揚印度教的法。根據這個組織，「印度教徒」這個名詞指的是「凡是相信、尊重或遵循在印度發展出

的生命永恆價值(包括道德與精神兩層面)的所有人」。它努力統合、強化印度教徒的族群,整建寺廟、興建學校、推廣梵文經典的研讀、保護母牛、努力提升落後的下層階級,以及積極反對信眾皈依其他宗教,來達成鞏固印度教徒族群的目標。

VHP 並非全然保守的運動,雖然它倡導建立印度教徒社會的理想,它也堅持說古老的行為法典必須迎合時代的演變。這個原則的應用在吸納落後階級和賤民階級上最為明顯。這些人曾經不被允許進入寺廟,如今 VHP 積極鼓勵他們參與印度教儀式。

在西元一九八〇和一九九〇年代,VHP 的聲望與日俱增。在政治圈中,印度人民黨(BJP)援用這個宗教組織的國家主義意識型態而在選舉中大有斬獲,獲得的支持率直線上升,顯示出此意識型態的廣泛吸引力。此一支持率上升以及其後在政壇利用 VHP 理想一事來自於有效的競選策略。策略之一是西元一九八三年組成的為團結而犧牲的遊行活動。事實上有三大隊伍加入,分別由印度次大陸全境的無數較小型、從屬的遊行行列組成,人們將它們在那格浦爾(Nagpur)的相會同三條聖河在阿拉哈巴德的交匯相比擬。

這些行列依循寺廟慶典隊伍的樣式,每一行列均包括一輛卡車載運印度母神的神像、一大桶恆河水和一小桶當地聖水。所有地方女神隨護印度母神的神像;身為印度的化身,印度母神當然內含了所有的印度聖地。同樣地,所有的印度聖水均源自於恆河。因此印度母神和恆河水均為印度團結的象徵。由於國際參與隊伍的加入,這團結範圍擴展至次大陸以外地區。一個從不丹前往印度的小型遊行行列加入三大隊

伍之一。一支緬甸代表團帶來他們的聖河之水，而其他人帶來摩里西斯、巴基斯坦和孟加拉的聖水。

印度教徒會議組織試圖建立現代的印度教爲印度的國教。一般認爲，團結就有力量，可協助印度人抵抗威脅他們改信外國宗教的外力，也可解決印度國內派系衝突造成的內部問題。反對基督宗教和伊斯蘭教等外國宗教傳統一直是這個組織的宗旨之一。這個宗旨在印度教徒於西元一九九二年十二月毀壞阿踰陀的巴布里淸眞寺（Babri Masjid）時，扮演主要的角色。

巴布里淸眞寺由蒙兀兒王朝統治者巴布爾的一個信徒建於西元一五二八年。根據傳說，這座淸眞寺興建於紀念羅摩王出生地的一座印度廟舊址之上。在印度獨立之前，伊斯蘭教徒在淸眞寺內頂禮膜拜，而印度教徒則在寺外祭拜。西元一九四七年印度政府關閉這座寺廟，不對伊斯蘭教徒與印度教徒開放。隨後，在西元一九四九年，羅摩王的神像在夜裡被安置於淸眞寺中，同時謠傳羅摩王出現在淸眞寺內是爲了重新討回祂的寺廟。接著暴力四起，警方平息了印度教徒和伊斯蘭教徒之間的暴亂，這座淸眞寺始終關閉。

在西元一九八四年，VHP 以重新收回這個建廟地址爲印度國家主義運動的一部分。他們扛著羅摩王和妻子息坦的肖像遊行至阿踰陀，然後前往首都德里，舉行集會和發表演講。在接下來數年，印度教寺廟與淸眞寺議題成爲各政黨爭論的主題，並成爲人民黨的核心議題。羅摩王的故事做爲政治典範尤其引起迴響。統治著黃金時期的羅摩王是神王、法王。聖雄甘地本人便以羅摩王的統治（Ram Rajya）爲理想的社會。一個政黨若能將它本身與羅摩王的形象及德政相提並

論，自然能具有泛印度的吸引力。

羅摩王形象的力量在西元一九八七和一八八八年發揚光大，當時印度全國播映《羅摩衍那》電視連續劇，印度和其他國家數以百萬的人每個星期天都觀看這電視劇。這部電視劇集之大受歡迎，可能鼓舞政客們重新重視羅摩王的形象和他在阿蹁陀建立的王國。在西元一九八九年，VHP組織遊行隊伍將磚塊搬運至阿蹁陀，以便在羅摩王的誕生地建立一座紀念他的新寺廟。這些磚頭來自全印度各個村落以及美國、加拿大、加勒比海和南非的支持者。有關當局不准遊行者拆除巴布里清真寺，但有部分磚塊被用來在清真寺外的一處凹穴奠定地基。

經過兩次政治發展，拆除清真寺的聲勢在西元一九九〇年再度壯大。首先，巴基斯坦和印度就喀什米爾主權紛爭造成新的動亂。其次，印度政府試圖在教育機構和政府機構內保留更多的職位給落後的社會階級。VHP展開另一次前往阿蹁陀的遊行，目的在於建立一個新寺廟，以抵消反政府暴動引發的不團結現象。在這次的遊行中，印度人民黨黨魁阿凡尼(L.K.Advani)扮演羅摩王。印度政府採取世俗主義的立場，不准隊伍遊行至巴布里清真寺。結果，印度人民黨在國會中徹回支持政府的立場，而那些抗拒這項運動的政治領導者遭到失勢的厄運。支持遊行至阿蹁陀的宣傳導致印度人民黨在選舉中連戰皆捷，並在西元一九九一年取得北方邦地方政府的控制權。VHP和印度人民黨於西元一九九二年在阿蹁陀召開集會，並將清真寺予以摧毀。

印度中央政府譴責清真寺遭摧毀的暴行。北方邦的治權強制收歸總統，此外印度人民黨在其他三個邦的地方政府均

遭解散。像是 VHP 等煽動阿蹐陀活動的印度教組織則遭政府查禁。更有甚者，印度政府說，它將重建巴布里清眞寺。但麻煩不限於阿蹐陀，像加爾各答和孟買等大城均爆發社群暴動情事，在這些地方死難者大多是伊斯蘭教徒。巴基斯坦和孟加拉均發生報復性暴亂，伊斯蘭教徒攻擊印度教商家和印度教寺廟。在英國，印度教寺廟和文化中心，一座伊斯蘭教清眞寺和一間錫克教寺廟(guraudwara)均遭人縱火破壞。黑人伊斯蘭教徒在紐約聯合國總部外示威抗議。

清眞寺遭破壞和國際社會的回應顯示宗教與國家認同之間強有力的關連。但劫難後也顯示，令某些人動用暴力的信念並非放諸四海皆準的。多數印度教徒譴責清眞寺的摧毀和流血衝突暴行。他們提及甘地的非暴力運動，視之爲更高的理想，是眞正偉大的印度教的標記。繼巴布里清眞寺遭破壞後，印度人民對暴力的反應似乎削弱了以宗教社群主義爲訴求的政治活動的吸引力。仰賴「我們對抗他們」這項訴求的政客，自西元一九九二年以來即在選戰中失利。

## 全球性的印度教

阿蹐陀衝突在紐約和倫敦所引起的餘波蕩漾，顯示現代印度教的全球性影響力。在十九和二十世紀期間，不少印度教徒離鄉背井，前往海外發展，因此目前世界各個角落均可看見他們的蹤跡。那些海外「遊子」的經驗已影響他們對印度教的定義。那些當他們屬於印度教主流時認爲理所當然的傳統，已被賦予新的意義並調適至新的環境，同時，在海外的這些調適和評價又傳回南亞，而影響到印度教在印度本土的發展。

印度在現代共有兩波的移民潮；第一次是發生於十九世紀和二十世紀初期。在十九世紀期間，印度人因渴求工作機會而移居緬甸、斯里蘭卡、馬來西亞、南非、斐濟群島和西印度群島。到了西元一九二〇年代，約有二百萬印度人居住在海外，其中多數住在英國殖民地和屬地。大多數的印度移民為勞工，儘管受到歧視、教育設備不足和高死亡率，他們在新的環境中仍能夠蓬勃發展。通常他們住在少數族裔社區中，依照家鄉的傳統習俗過日子。他們建立印度教的寺廟，並且聘請祭司(不一定是婆羅門)來此進行傳統的祭儀；在此進行的儀式包括早先描述的所有民間習俗。

　　以中產階級和受過教育的城市新貴為主流的第二波移民潮，在西元一九六〇年代波瀾突起並一直持續至今日。這些城市佬移民至美國、英國、加拿大以及新加坡等亞洲經濟中心。他們均為專業人士、醫生、工程師和電腦程式設計師，移民海外尋求經濟機會，因為印度國內的就業機會不足以讓所有的大學畢業生適才適所。與來自東歐和東南亞的難民移民不同的是，這些中產階級的印度人無一落腳於種族貧民窟。他們移居至郊區，他們的子女就讀附近的好學校。這類移民通常很快就在他們新遷居的國家中躋身中產階級之列，這是因為他們受過良好的教育並能講英語。居住在美國的印度人已被認為是美國歷史上最成功的移民族群。

　　在新土地的最初幾年，他們致力為經濟成就打拼，並不擔心宗教生活之便利的缺乏。不過，他們確實感覺到一種文化認同的必要性，因而建立起無數可供印度人聚會的「文化中心」。在西元一九六〇年代，在印度移民社群中，分享印度認同的深切體認超越了所有印度地方性的文化歧異。倘若

一個文化中心播映一部孟加拉電影，即使一個人聽不懂孟加拉語也會欣然見到有這樣一個機會，可觀賞與「印度」有關的電影。

　　隨著移民開始撫養子女，他們更深切感覺到宗教場所的必要。宗教是向他們的下一代傳承文化價值的媒介，而許多印度人關切他們的子女可能會感染西方社會的惡習，甚或被引導改信基督宗教。在印度，宗教教育的重責大任落在祖父母的肩上。祖父母引領年輕的下一代前往當地的祭壇和寺廟祭拜，並告訴他們有關聖人和諸神的故事。但祖父母這一代一般不存在於移民家庭中。更有甚者，住在一個僅有寥寥信徒的國家去認識該宗教，和住在一個宗教已融入生活的每一部分的國家是截然不同的。西方國家沒有慶祝印度教的國定假日，沒有雲遊四方的「苦行者」，也沒有四處遊歷的說書者訴說、傳誦偉大的印度教史詩。因此，為人父母者必須想出如何向他們的孩子解釋印度教傳統，然而他們當中大多數人從未實際想過，如何為在不同文化環境長大的下一代界定這傳統。

　　寺廟成為保存傳統的重鎮。但即使印度移民社區開始為建廟募款，他們也同時做許多的改變，以適應新的生活環境。最初的寺廟改建自現有的建築物，通常是教堂。之後，印度社區募集到足夠的捐款，才陸續興建傳統型態的印度教寺廟。這些寺廟有許多部分地模仿贊助它們興建的印度境內寺廟，但它們卻不帶有特別的地方色彩。為了迎合不同的印度教移民族群的需要，寺廟中供奉著許多不同的神，而不是一尊主神和祂的侍從。因此，經常可看見濕婆和毘師挐並列，旁邊圍繞著許多女神和地方神祇。南加州的文卡希瓦拉

寺（Shri Vekateshwara Temple）有兩個緊連在一起的祭拜區；主廟供奉毘師孥，並安置有這神的好幾個化身的神像，但位於主廟的牆壁之後的第二個祭祀區供奉濕婆、濕婆之妻山女神和象頭神。這些寺廟的神像均出於印度本土的藝匠之手，再由婆羅門祭司在特別的時刻將它們安置於寺廟中。少部分寺廟甚至試圖同時迎合南、北印度教徒，為北印度人準備白色大理石的神像，為南印度人設置黑石神像。

居住在國外的土地上也為寺廟沿用的曆法帶來變革。節慶通常移至週末期間慶祝，而非根據印度陰曆曆法算出來的黃道吉日。這樣做較方便人們前往參加，特別是當他們必須遠道而來時。大多數印度教寺廟會在訪客最頻繁的週末舉行常態活動。寺廟也為兒童籌設學習營和課程，以傳授他們印度教的法和價值，並教導他們印度語言。孩童們表示在學習營中感到輕鬆及有歸屬感，因為他們完全處於一個印度教的環境中，在此，他們不覺得有任何必要須解釋他們的行為和信仰。即使在一個「世俗的」西方國家中，基督宗教主宰著學校行事曆（週日放假，耶誕節和復活節），信仰其他宗教的學童通常感覺與他們同學的生活步調不一。為下一代保存文化傳統的迫切性使寺廟開設印度音樂舞蹈課程。許多寺廟有表演的大禮堂和準備社區饗宴的廚房，如此一來，寺廟不僅是宗教場所也是社區中心。

闡釋印度教的工作因教育刊物之印刷業的發達而獲益，其中有許多是由 VHP 組織贊助出版的。對於一個希望改善印度教法和防範信徒改信其他宗教的組織而言，這是合理的一步，但這也意謂著，「正統的」印度教正為一特定組織所界定。在印度的 VHP 組織基本上是由都市居民和中產階級

組成，因此它的定義可能不包括通俗的宗教，但因為移民讀者也屬於中產階級，VHP對印度教的這種詮釋正適合他們的需要。

宗教生活中許多被認為是傳統民俗的部分在海外移民社會中已然流失。在西方國家中，人們僅以鮮花素果供奉寺廟神祇，並沒有祭儀以血腥祭品祭拜村落女神。在第一波移民潮中，諸如神像遊行和民俗醫療等宗教修持仍可見於勞工階級組成的印度社區，但在第二波移民潮中則已相當罕見。這反映出兩波移民的社會出身截然不同。

在海外建立印度教宗教機構一直有層出不窮的問題，其中一問題是印度教移民和主流社會之溝通的缺乏。在印度教慶典期間，通宵達旦的慶祝活動製造不少噪音，且有許多車輛停在寺廟附近的住宅區因而招致民怨。較大的問題是，篤信基督教的城市居民擔憂，印度教社區居民可能試圖在他們的住所附近興建一個新的拉傑尼希普蘭廟（Rajneeshpuram）①。此類問題通常要經由社區討論才能解決。印度教徒正學習著走出印度社區，與主流社會分享有關印度教的資訊，如此一來，他們的鄰居才不會將印度教傳統與新世紀宗教崇拜劃上等號，而西方人則正學習瞭解到印度教的多采多姿，世界媒體所反應的少數極端形象並不足以代表印度教。

另一項海外印度教機構面臨的難題，是如何獲得對寺廟的支持。讓人們捐款興建寺廟要比說服他們定期捐助寺廟所需之維修經費容易得多。在印度，寺廟的維修經費仰賴土地稅收。但在其他國家，它們必須依靠信徒的捐助。在此宗教社群主義的問題再度浮現。在移民社群茁壯的同時，它們也傾向於依地方文化差異來區隔彼此。早期較小型印度移民團

體的大聯合態度已然崩潰。古加拉特人開始希望有他們自己的寺廟，以祭拜他們的地方神祇，並以古吉拉提語吟誦虔信讚歌；而孟加拉人也希望有自己的一席之地。這種漸次分裂的趨勢見於世界各地的印度教徒社會。在加拿大的多倫多，來自泰米爾納都的泰米爾人和來自斯里蘭卡的泰米爾移民間存著緊張關係。斯里蘭卡人較晚移民此地，但目前他們的人數已超過來自泰米爾納都的印度教徒，並且他們正在改變雙方都前往祭拜之寺廟的管理方式。此種宗教社群主義正日益威脅破壞宗教中心的維持；畢竟，移民社群正興建更多的寺廟，卻無足夠資源以維持寺廟。

另一項問題出自於為人父母者和孩子之間的代溝。孩童在長大成人的過程中實際上中介於兩種文化之間。他們大多數對於自身的印度文化遺產深感驕傲，但由於他們多半的時間在學校，也就不免受到本地的文化環境的影響。自幼生長於西方社會，他們通常對依循傳統的印度教習俗感到不自在，尤其是膜拜神像。只在週末前往寺廟參拜和偶而參加夏令營的生活方式，畢竟與居住在由於眾神之具體形現而神聖化的土地上是截然不同的。大多數的印度裔美人較歡迎新吠檀多式的印度教，後者強調非人格的大梵。

不過，印度境外的土地已緩慢地被印度教神聖化。在美國，印度教信徒可能以密西西比河或是密蘇里河代替恆河和閻末那河，從而北美洲的水就成了聖水。象頭神和其他印度神祇的土雕神像遊行經過歐洲和美洲的街頭，並沉入當地的水道中。在歐洲和美國境內，以傳統的建築型式興建、擁有神像的較大型印度寺廟已成為信徒的朝聖地。而在舊金山金門公園內甚至可見到濕婆神的男根形象。

圓頂形的石墩出現在金門公園內三條小徑的交叉口，一些經常路過此處的印度教徒發現了它。他們知道這個石頭以前不在該處，他們立即以它爲濕婆神的非男根形象。口語相傳之下，印度教信徒絡繹於途前往金門公園參拜並供奉鮮花素果。舊金山性力神廟（Shakti Mandir）的人們開始在此定期舉行崇拜儀式，這塊石墩漸被檀香灰所覆蓋並被戴上花圈。這塊石墩成爲灣區印度教徒的朝聖地。其實這個石墩原來是市政府棄置於公園內的一個護柱或路障。在知道它已具有宗教意義之後，舊金山市政府協助信徒將這塊石墩遷移至一個私人處所，因爲公有土地上不得設有宗教場所。

　　全球都市社群所信奉的現代印度教，根源於十九世紀重新界定印度教的改革者所提倡的理念。他們將吠陀哲學遺下的精髓轉變爲可順應現代潮流的宗教原理，人們對古經文智慧的尊敬幫助建立印度教爲一偉大的世界宗教，與基督教及伊斯蘭教地位相當。而這相對地爲推動國家主義提供助力，在此，印度教提供印度人共同的語言，從而帶給印度人一種國家認同感。但即使這種認同感已建立起來，南亞仍舊是一個擁有多元文化的地區，各種不同的力量正影響著現代印度教。接下來，我們要檢視部分最普遍的趨勢，它們正塑造此一生生不息、繁複多變的宗教傳統的未來。

**註釋：**

①拉傑尼希普蘭廟是由一名印度上師的信徒創立於 Antelope 鎮附近的宗教
　社團。這個宗教社團規模非常龐大，力量足以在選舉期間改變鎮務管
　理。它的部分領導人最後被指控有罪，大部分的成員自行解散。

# 6 邁向未來
*Toward the Future*

　　一般人常說，印度教從來沒有揚棄過任何事物，新的觀念和實踐僅僅是附加上去的，且舊的哲學一再經後人重新詮釋。印度教實際上是一個不斷重生的傳統，過去和現在的業力餘習成爲塑造未來的力量，這個過程毫無疑問地會持續下去。印度教擁有逾三千年的各種歷史傳統，並從這些傳統中汲取觀念和力量。印度教將會順應時代潮流，以迎合未來的需要。目前，影響印度教風貌的部分趨勢包括，都市化、婦女宗教角色的轉換、現代科技、持續存在的地域主義以及全球化。

## 都市化

　　儘管南亞近乎四分之三的人口居住在村落裡，城市地區的發展腳步顯然愈來愈快。在城市中，傳統模式逐漸被淘汰，取而代之的是生活與宗教方面的新調適。城市居民有相當嚴重的貧富不均情形，因爲他們有的人是窮苦的勞工，在

城市中尋找工作機會，其他人屬於日益擴大的中產階級，但在許多方面，這兩種人一起分享社會的改變。世襲的職業由新的雇用法所取代。財富和社會地位不再是以土地擁有、農作物和牲口多寡做根據，而是基於個人的現金收入。都市人口較不可能住於大家庭中，且無法經常仰賴親屬關係。在城市中，階級差距一般而言比較不明顯，但婚姻大事除外。因為村落寺廟供奉的諸神不一定出現於城市寺廟中，教派的隸屬關係常有些轉變。

印度城市中產階級的發展帶動了現代印度教的傳播，這印度教與維卡南達的新吠檀多理論有許多相似之處。許多倡導現代印度教的人士均主張將宗教與社會關懷融合在一起。他們反對在精神教育中認許階級和性別歧視，而認為印度教的精神需要重新振興。他們相信宗教應致力謀求社會福祉，而不僅僅是冥想。因此他們努力獻身於「提升」社會低階層民眾，並且興建印度教醫院。他們也對海外印度人社區的精神生活深感興趣。以中產階級為主的印度移民社區的需要與祖國的同胞相差無幾。這兩個印度教群體均談論及個人的成長和社會關懷，而將宗教視為一種行為準則。他們最重視的是成功的人生。

現代的上師受到都市地區各種民眾相當程度的歡迎。這些上師是傳統的活仲裁人，他們轉化古老的教義以適應現代的需求。其中許多人擁護了新吠檀多的觀念，強調前《往世書》經典的智慧和詩人聖者的神秘直觀。他們堅稱，表現於《奧義書》的印度哲學是所有宗教的精髓，因此他們的教導超越教派派閥觀念。他們形容神是非人格的絕對者，遍滿萬事萬物。因此不會有階級污染。他們強調個人身心修為的重

要性，譬如冥想、吟誦神名和唱誦讚歌。這些教導既教人在世間過著道德的生活，也教人求取更高的知識以從輪迴中解脫。這樣的傳統也較鄉村宗教不為地域所拘。個人的宗教修行並不需要居住在一個特別的地方，或前往某個特定的寺廟祭拜。這些教導能與現代生活的變動性充分配合。

## 婦女和印度教

印度教在上個一千年期間以男性為尊，但現代上師中女性的人數有驚人的成長。婦女做為宗教領袖的可能性大增是現代印度教一項意義非凡的變革。這種轉變的原因可分為數點，其中最明顯的是十九和二十世紀的改革運動、國家主義和獨立運動，它們都為女性精神性的欣賞及其表達奠立了基礎。

十九世紀和二十世紀的改革運動倡議回到過去純粹的印度教傳統，即如《吠陀經》和《奧義書》中所描述的那樣。在這些經書中，婦女與男性一樣可接受教育。經書中女性學者迦爾姬（Gargi）與男性同堂參與學術辯論，並且獲得他們的敬重。改革者利用這些資料做為男女教育機會平等的依據，而這對建立一個理想的印度教社會是一項必要的基石。更有甚者，由於吠陀時期的婦女可在公共場合高談闊論，及享有與男性相等的教育機會，因此有理由駁斥譬如「婦女隔離」（purdah）、童婚、寡婦殉夫和終身守寡等社會陋習。由於這些運動的推廣，雅利安社和梵社內部都產生了女性的社會組織。

國家主義運動和現代教派都運用婦女形象，這有助於婦女成為宗教領袖一現象的普遍接受。孟加拉的文人特別撰述

在加爾各答，兩名印度婦女在家中的小神壇進行普迦儀式，自一九四七年印度獨立以來，印度都市婦女的教育和法律權利已獲改善，但在農村地區，男女的地位不平等依舊明顯。

及印度母神，強調母神必須受到保護，免於異教徒的褻瀆。如是，印度做為一母性女神的形象漸次流傳開來，且持續受到歡迎，提醒所有的印度教派說，絕對神可以具有男性、也以可具有女性形相。母神的象徵逐漸被認為可在女性苦修者身上具體呈現。有關神具有女性面的認知，早在十九世紀即已獲得肯定；當時許多宗教領袖的教誨包含了密教視性力為

神之陰性面的觀念。而當羅摩克里希納崇拜自己的妻子，視她為神之陰性面的具體形現後，更是為這趨勢注入了動力。自此以後，有關性力的觀念乃為女性上師的能力提供了合法根據。

最後，婦女也曾廣泛參與爭取印度獨立的運動。甘地視婦女為理想的德性模範，因為她們是自我犧牲和內在力量的體現。甘地的獨立運動在中上階級社會的婦女中激起了熱烈的迴響，她們也在爭取自由的經驗中了解到自身的能力。獨立運動賦予她們發揮力量與所長的機會，她們組織大眾並傳播資訊，她們上街遊行，為爭取獨立不惜身繫囹圄。她們的貢獻在獨立運動中獲得肯定，並因此位居要津，從而發揮其影響力。

自從印度獨立後，依循甘地「造福一切」（Sarvodaya）的理想，無數婦女投身於改善社會的工作，為提升所有人的福祉而努力。但受教育婦女的比例在鄉村地區仍然不高，其比例遠低於男性，因為男孩子較有機會入學。印度法律尋求賦予女性與男性平等的權利，但法律規定和實際做法有極大的出入。未受教育的村婦通常對她們的法律權利一無所知。根據印度憲法，男性和女性應有平等的繼承權，但鄉村地區的財產仍然幾乎完全掌握於男性手中。在許多州，鄉村議會為婦女保留一席位，但當地婦女鮮少知道這項法令；即使她們希望投入競選以服公職，她們也將面臨根深蒂固之傳統的巨大挑戰。在法律和現實脫節的情形廣為報導後，尋求男女平權的努力也擴及到鄉村婦女。大半由婦女自行策劃、管理的計畫正致力於推廣教育，並提供資源以幫助更多的人。

改革運動後繼有人，為婦女的宗教生活帶來新的契機。

莎拉德僧院（Saorada Math）是源自維卡南達的羅摩克里希納傳道會的一個女尼組織。維卡南達曾希望建立一個婦女團體，但以為時機尚未成熟。他的夢想於西元一九五四年成真，莎拉德提供婦女住在一個完全由婦女經營之寺院的機會，在此，她們的靈修生活與到學校及醫院從事社會工作二者相結合。對婦女精神生活的肯定並不限於讓她們有更多機會過修道生活，事實上婦女也可當上師。不少男上師指定女性為他們的接班人。少數婦女甚至憑著一己力量自行成為上師。吉娜南南達・瑪（Jnanananda Ma）已獲甘吉普蘭（Kanchipuram）的商羯羅師（Shakaracharya）所肯定，後者是印度教正統最受尊敬的仲裁人之一。在吉娜南南達・瑪向商羯羅師發誓棄世修行①之前，她在家鄉已經是一位家喻戶曉的精神導師。

另一項顯著的女性新機會出現於馬哈拉施特拉。當地婦女可正式接受訓練，在寺廟中擔祭司。這種女祭司的觀念已普遍為教育階層接受，後者經常表示，他們認為女性較男性更誠實和虔誠。正統派印度教男祭司反對允許女性擔任的觸犯吠陀律法祭司，但支持人士指出吠陀書中並沒有明文禁止女性擔任祭司。由於男祭司人手不夠，婦女跨入祭司這個新的職業領域並未遭到太大的阻力。女性擔任祭司的情形在南亞以外的印度教社會尤其明顯，這些地區的傳統專家不多，因此婦女經常可扮演新的角色。

## 現代科技

現代科技正為印度教帶來變革。人們可以播放錄音帶或從電台聆聽到宗教音樂，而無需參與宗教集會。利用錄影設

備可記錄禮儀的進行，有觀賞和保存難得進行的祭儀兩種好處，從而祭祀的知識才不會失傳。電視和電影已爲傳播諸神的故事提供了一個新的園地。最近，一部關於桑多希‧瑪（Santoshi Ma）這位名不經見傳的地方女神的電影聲名大噪，供奉這女神的寺廟一時之間成爲重要的朝聖地。

朝聖習俗也出現了變化。過去人們通常是前往住家附近的寺廟朝聖，如今他們可以搭乘現代交通工具前往遠地朝聖。更有甚者，電影和電視已讓所有的印度教徒對南亞重要的朝聖地耳熟能詳。這些偉大的神祇現身地球的聖地，譬如克里希納的維林達萬廟、瓦拉那西的的濕婆廟以及馬杜瑞的戴維女神廟，如今甚至更加香火鼎盛，有來自全世界各地成千上萬的信徒參與它們的節慶。

部分人士對大衆媒體將導致齊一性一事表示關切。倘若印度教徒觀看電視後認爲他們所看到的宗教型態就是「眞正的」傳統，地方傳統的豐富色彩便有流失之虞。在電視台播映印度史詩劇期間，許多人對此表示擔心，認爲電視劇強行賦予經書一單一的「正確」版本。但其他社會觀察家則認爲這種憂慮是小題大作。他們認爲，熱愛地區文化的印度教徒極可能將新的元素注入他們現存的文化中而不棄絕任何古老的觀念。這兩種論調均可能是正確的，部分地區的傳統習俗確實已遭取代，而其他習俗的順應調適情況則與印度河流域文明演變至今的情況大致雷同。

# 地區主義的力量

地區主義確實是未來持續影響印度教的因素之一。地方運動一直是印度傳統中的動力中心。即使在這個國家主義時

代中，個人認同仍與家庭和社區緊密聯繫。一個擁有共同關切的團體可展現強大無比的力量。在對抗影響鄉村生活或海外城市生活的難題時，人們可以投向地方社群，尋求支持力量。齊普科運動(Chipko)是地方團結對抗影響鄉村問題的例子，而史瓦米納拉揚傳統則顯示遠離家鄉人們對家鄉的地方認同力量。

## ■齊普科運動：草根力量

在齊普科運動(Chipko Movement)中，地方社群團結一致以挑戰為地方帶來問題的大型企業和政府措施。齊普科(抱樹)運動是因應喜馬拉雅山區森林遭濫伐一問題而誕生的。喜馬拉雅山區的樹木遭不肖人士濫伐，以用於工業用途，區域內的村落並未因此獲得任何經濟利益，反而當地的柴薪和家畜飼料資源無情地遭到剝奪。更有甚者，植物消失造成了地表土壤流失，因此無地可耕種的男人被迫移居至平原地帶尋找工作機會，婦女留下來看管家庭，被加重的家務以及需前往更遠地方撿拾柴薪的雙重勞務壓得喘不過氣來。森林的消失也降低了山區的水土保持功能，造成平原地區接二連三發生洪澇和乾旱。

經濟利益和工業化對更多木材的需求造成環境災難，導致齊普科運動的興起。齊普科運動早期的動力來自甘地倡導的「造福一切」運動的工作者，他們關注森林濫伐濫墾為村民帶來的問題。他們開始傳播有關樹木價值的資訊，並且鼓勵當地老百姓對林木遭濫伐一事進行非暴力的示威。推動這運動的方法依待於印度教的傳統。主要的溝通方式是模仿宗教朝聖進行徒步旅行，將宣揚齊普科運動的人士帶到偏遠的鄉村地區，與村民分享資訊。民謠是散播林木價值訊息的一

個有效媒介，而由於尊崇樹木在印度教中有源遠流長的歷史，可追溯至《黎俱吠陀》時期，這訊息立即獲得了廣大的迴響。齊普科運動也組織極類似精神性林隱行爲的教育營，但其中最好的方式之一是藉由訴說平民英雄的事蹟來打動廣大民衆的心。

最感動人心的知名故事之一，描述出身於拉加斯坦州比希努（Bishnoi）部落的女子安莉塔・戴維的事蹟。自從十五世紀以來，這個部落一直禁止砍伐樹木，以保護當地的生態環境。當一位國王派遣伐木工來砍伐林木以興建新王宮時，戴維奮不顧身地抱著一棵樹，試圖阻止砍伐。她慘遭斧頭砍倒，效法她挺身護樹的三六二名村民也相繼倒下。國王聽到大屠殺的消息後，矢言絕不再砍伐比希努的林樹。

現代的齊普科運動人士也以相同的方式，用自己的身體來護衛樹木，他們的熱誠終於遏止了濫伐森林的行徑。河流分水嶺地區不再允許伐木，而造林計畫包括本地所需薪柴和糧秣之用的樹木，以及松樹和果樹等有經濟效益的樹木。印度政府已了解到不能只顧眼前的利益而不管長期的問題，譬如鄉村生計遭破壞，以及分水嶺流失導致水災和乾旱的交替循環。這項運動的成功對政府發展與地方需求不一致的南亞其他地區，以及對全球有著類似問題的社區而言都無疑是一項鼓舞。②

### ■史瓦米納拉揚：一個地方傳統的國際化

在史瓦米納拉揚（Swaminarayan）傳統中可見到作爲地方和文化認同一部分的宗教力量。史瓦米納拉揚是毘師孥派印度教的古加拉特形式。它使用印度教經書、專念敬拜泛印度神毘師孥，舉行可視爲南亞印度教的一部分的儀式。但由

於語言、服裝、飲食、建築、神像、音樂和舞蹈均源自古加拉特的地區文化，它的整個傳統明白顯示出特殊的古加拉特性格。此外，其宗教領袖和聖地都在古加拉特。

這種地方族群的印度教是由薩哈加南德・史瓦米（Sahajanand Swami）在十九世紀所開創。他是羅摩孥闍（Ramanuja）的信徒。薩哈加南德後來被稱作史瓦米納拉揚（Swaminarayan），一般人視之為現代的毘師孥化身。他的教義倡導結合虔信、崇拜和取決於年齡、性別和社會地位的道德行為（法）。他的信眾應參與唱誦讚歌、禮拜寺廟供奉的神像、聆聽宗教論述，以及修練不斷地憶念神的心靈崇拜。

這傳統流傳於古加拉特地區，但在東非、英國和美國的古加拉特移民之間甚至更加顯著。在海外，古加拉特人加入史瓦米納拉揚的行列，以期在參與印度宗教生活的同時能保存他們的族群文化。他們興建寺廟並開辦文化班，教授孩童傳統文化。寺廟的祭儀語言、節慶服飾、飲食和娛樂在在都是古加拉特式的，所以此一傳統與其他移民的傳統有明顯的區分。

古加拉特式的印度教已成為一項國際傳統。如今東非、英國和美國等地均會舉行與之相關的節慶。全球各地的人們參與這些盛會，為全球之社會與商業往來提供了一個良機。現代科技促使這種國際傳統得以與它的老家保持密切的關係。空中交通將朝聖客帶到位於古加拉特的聖地。這些朝聖者隨後帶著古加拉特的刊物、古加拉特讚歌錄音帶和古加拉特苦行僧的宗教演說錄影帶重返移民國家。③

# 世界宗教

　　印度教和猶太敎一樣，藉由移民而非傳敎以成爲一世界
宗教。印度教的宗教習俗與南亞的民族文化密不可分。儘管
如此，城市、中產階級的印度敎或是新吠檀多敎派由於較適
合西方人不同的生活型態，而爲一些西方乃至國際社群所採
納。人們尤其喜歡印度敎非人格的絕對者一觀念、對所有宗
敎的寬容，以及個人臻於至善的可能性。大多數對印度敎有
興趣的西方人僅閱讀印度敎經文，他們多半接受印度敎哲學
思想，但並沒有接受通俗的印度文化。瑜珈與冥想修習確然
契合於現今宗教「私有化」的時代，它們可以是個人邁向靈
修道路上的私人方法。東方的智慧可資以取代西方「僵化的
敎義」。

　　但這種進路忽略了通俗傳統與實踐的豐富面貌，修習瑜
珈的西方人可以完全略去它的宗教脈絡，視瑜珈爲旨在平靜
心靈和健身的運動。大多數修習瑜珈的西方人從未進入過印
度敎寺廟，從未看過有關印度敎的藝術與建築，從未對孩子
身體復原一事向印度敎神致謝，從未頌念神名以求神祇顯
靈，並且沒有在他們的日曆上標示紀念克里希納誕生和羅摩
戰勝魔王拉瓦那的節慶。

　　介於心儀印度哲學的西方人和傳統派印度敎移民之間的
是，在海外長大成人的印度敎孩子。這些第二代移民須平衡
所承襲的南亞文化與受自西方社會的理想。印度敎是他們文
化認同的一部分，且也是眞實精神性的一部分。在他們的個
人信仰中，他們傾向於支持新吠檀多敎派，因爲使這敎派吸
引處於印度敎傳統文化外的人士的那些性質，也能同樣地吸

引印裔美國人和印裔歐洲人。

在西方國家成長的印度教孩童也對傳統有所影響；儘管他們的父母親努力教導他們，但海外第二代印度人鮮少能說流利的印度話。他們可能會說或聽得懂印度話，但他們無法充份欣賞偉大的印度宗教文獻。因此，英文在經文和禮拜儀式中的地位益形重要。與地方性文化關係緊密之語言的流失，可能是海外第二代印度人的認同感改變的一項因素。父母親一代自視為古加拉特人與泰米爾人，而他們的下一代則認為他們自己是「印度人」，對他們父母所肯認的地區和階級區分感到不耐。部分年輕的一代說他們希望，擁有處在兩種文化間的成長經驗的新世代能夠超越這些偏見。第二代一致的身分認同將使印度教發生新的改變，尤其是如果他們在成家立業後開始對宗教發生濃厚興趣的話。

# 結　語

在過去兩世紀以來，印度教已成為一世界宗教。在這過程中，印度教徒致力於外在地界定他們的傳統，亦即顯示它與其他宗教的異同，同時也內省地探索這傳統內因社會與地區劃分所成的多元現象。專注於這種多樣性風貌的學者主張，「Hinduism」一詞應該由複數的「Hinduisms」所取代。但儘管這些傳統的變化，現代的印度教徒自視屬於一單一的宗教族群。這種日益增加的宗教族群認同，遠超過對地方和教派的擁護，將成為塑造印度教未來的一個要素。

已歷經數千年之宗教調適和再定義的過程絕非已告終止。現代印度教社會仍將繼續這個過程，傳統和創新、鄉村和城市需求、多樣性和統一性之間彼此對立的緊張，在在影

響到這個過程。憑藉過去傳統的豐富性和已收實效之系統的力量，隨後利用它們去篩檢新觀念和適應新調適，印度教正調整自身以切合全球性社群的需求。地方傳統為地方創新奠定較任何外在強制的改變更為適切的基石。現代科技為建立一個廣大的社群提供了通訊和連繫，也同時帶來新的資訊和觀念以刺激地方變化。當外在境況改變時，哲學隨之改變，儀式也重新修訂和詮釋，而神的形象也將重新塑造。透過這個過程，所有印度教信仰正如個人的自我一般，將在周而復始的時間巨輪中不斷以新的形象具體呈現。那是一個永世生生不息的傳統。

**註釋：**

①有關現代印度教中婦女角色的演變的討論出自 Nancy Falk 在 *Religion in Modern India* 書中的文章 " Shakti Ascending： Hindu Women, Politics, and Religious Leadership during the Nineteenth and Twentieth Centuries "（新德里： Manohar 出版社，1995）。

②Thomas Weber 的 *Hugging the Trees： The Story of the Chipko Movement* 爲齊普柯運動提供了很好的概述（新德里：企鵝出版社，1989）。

③有關史瓦米納拉揚發展的描述是根據 Raymond Brady Williams 的 *Religions of Immigrants from India and Pakistan： New Threads in the American Tapestry*（劍橋：劍橋大學出版社，1988）。

# 小詞典

Advaita　**不二一元論**　吠檀多學派學名。

Ahims　**不殺生**。

Aranyaka　**森林書**　解釋吠陀經禮儀的書。

arati　**阿拉提**　祭祀時揮舞火或燈的動作。

Ashrama　**住期**　人生階段。

Atman　**自我**（自性、眞我）。

Avatara　**化身**　神的托身。

bhakti　**信愛、虔信**。

bhakti-yoga　**虔信瑜珈**　虔信的方法。

Bindu　**中心點**　曼荼羅中心的點。

Brahma　**梵**（梵天）　創造神。

Brahman　**梵**　神力、吠陀眞言的力量。

Brahman　**大梵**　絕對者。

Brahmana　**梵書**。

Brahmin　**婆羅門階級**。

camiyati　**乩童**　南印度的神舞者。

Chakra　**中心**　密敎中沿著微細脊柱通道的諸中心。

Communalism　**宗敎社群主義**　宗敎認同的團體意義。

darshan　**神視**　神性臨在的存有。

Deva　**神祇**。

Devi　**戴維女神**。

Dharma　**法**　法律、德性、責任、正確的行爲、宗敎。

garbha-grihya　**胎房**　寺廟內院的祭壇。

Gayatri　**一種吠陀眞言**。

Gopi　擠奶女　克里希納神的信徒。

Gopuram　塔樓　南印度寺廟的入口。

Gunas　宇宙的本有性質。

guru　上師、精神導師。

Hindutva　印度教徒性。

Ishtadevata　個人所選擇的神。

jati　種姓　出生族群。

jnana-yoga　知識瑜珈　知識之道。

Kali Yuga　黑暗時期。

karman　業　影響個人死後和來生之經歷的活動。

karma-yoga　行動瑜珈　行為之道。

kirtan　虔信詠歌。

kshatriya　剎帝利階級。

Lila　戲劇　尤指神劇。

lingam　男根　溼婆神的非表象形象。

lokasangraha　世界福祉。

mandala　壇場曼　荼羅、冥想時用的圖形。

mantra　真言。

math　僧院。

maya　神性幻相。

moksha　解脫　自轉世轉迴中解脫。

murti　神像　神的具體形象。

nirguna Brahman　離德梵　無屬性的梵。

Prakriti　原質。

prasada　普拉沙得　意即神的恩賜，給予信徒的儀式祭品。

puja　普迦　一種崇拜儀式。

purana　往世書。

Purusha　原人　神聖的人格。

Purusha　靈我　創生時的原質。

rishi　仙人　（先知）。

rita　宇宙律則。

Sadhu　苦行者、賢人、聖者。

saguna Brahman　實德梵　有屬性的梵。

samhita　本集　吠陀讚歌集。

samsara　輪迴。

samskara　淨儀　生命歷程的儀式。

sannyasa　棄世期。

sannyasin　棄世者。

sarvodaya　造福一切。

Sati　寡婦殉夫　溼婆神之妻，又指寡婦自殺習俗。

Shakta　性力派者　信奉戴維女神的信徒。

Shakti　性力　女神的神力。

Shalagrama　毘師孥的非表象形像。

Shikara　圓錐形屋頂印度北部寺廟的特色。

Shiva　溼婆神　創造和毀滅之神。

shraddha　降亡靈　對祖先與死者祭儀。

shruti　天啓。

shudra　首陀羅　種姓階級的農夫階層。

smriti　代代相傳。

Tantra　怛特羅、本續書、密教　修行的制度。

Tirtha　聖地、橫渡處。

upanayana　啓蒙禮　入學式。

Upanishads　奧義書　最後期對《吠陀經》註解的經文。

Vaishnava　毘師孥派信徒　信仰毘師孥神的信眾。

vaishya　吠舍　商人、藝匠、農人階層。

varna　種姓階級　分為四種階層。

varnashrama-dharma　**種姓階級與住期之法**　依據種姓階級及生命層級所
應持之義務。

Veda　**吠陀經**　知識意爲，爲早期印度教的經典。

Vishishta-advaita　**限定不二一元論吠檀多**　吠檀多學派名。

Vishnu　**毘師孥神**　在許多印度教徒心中是至高神。

vrata　**祈願儀式**。

yantra　**壇場**　輔助冥想的圖形，其模型代表宇宙及創生過程。

yoga　**瑜珈**　一種修練的方式。

yogin　**瑜珈行者**　修持瑜珈法門者。

yoni　**女性生殖器**　戴維女神的非表像形象。

Yuga　**世、時期**。

# 聖日與節慶

### 克里希納誕生日(Krishna Jayanti，Krishna's Birthday)

七、八兩月(Shravana)，印度各地都會慶祝克里希納的誕生日。在齋戒一日後，人們於午夜時刻慶祝克里希納誕生於馬圖拉(Mathura)的牢房內。

### 拉祈節(Rakhi Bandham，Rakhi Day)

拉祈節是於七、八兩月(Shravana)的月圓時舉行。女孩與婦女們在她們兄弟的手腕綁上彩線。這個儀式是用來保護她們的兄弟，並提醒這些男人，他們是姊妹們的保護者。

### 蛇第五(Naga Panchami，Snake's Fifth)

南印度於七、八兩月(Savan)普遍都會舉行這個節慶。這個節慶是在雨季期間舉行，那時蛇會往高地尋求蔽護，因此人們被蛇咬的數目將增加。婦女在他們家的牆畫上蛇的圖案，提供牛奶與鮮花給蛇，請求蛇不要傷害家人。

### 象頭神第四(Ganesha Chaturthi，Ganesha's Forth)

於八、九兩月(Bhadrapada)期間，人們召請象頭神，並為祂舉行七天的祭典。請參見 P.107。

### 九夜節(Navaratri，Nine Nights)

九、十兩月(Ashvina)，一連九夜舉行獻給女神的豐年祭。請參閱第四章。

### Dassera

九夜節豐年祭後的第十天，通常都會突顯與慶拉瓦那(Rama)戰勝惡魔羅

婆納(Ravana)的故事。請參閱印度古老傳說《羅摩衍那》一書。

## 燈節(Dipavati or Divati, the Festival of Lights)

燈節幾乎是整個印度的節慶,各地於十月十五日與十一月十四日之間當月(Kartik)的月芽日將舉行燈節。人們以燈光裝飾房屋、穿著新衣、燃放鞭炮來慶祝燈節。在某些地區則認為它是新年的慶典。人們以燈光和喧鬧聲驅逐惡運離開,以便為幸運女神拉克希米(Lakshmi)挪出空位,希望新的一年裡能將她留在家中。在這天,商人將使用新的帳簿,而農業地區的農耕者們則祭祀新收割的農作物,並且獻上山羊和綿羊等祭品。

## 濕婆夜(Shivaratri, The night of Shiva)

於十、十一兩月(Marga),信仰濕婆與毘斯奴的信徒們舉行這個慶典,他們認為濕婆是毘斯奴的第一位皈依者。當夜,將以蜂蜜和牛奶來淋洗生殖器(lingam)。

## 候力節(Holi)

候力節是一個喧鬧中帶著粗暴的節慶,於二、三月(Phalguna)舉行。在歡樂的氣氛中,人們以彩水和彩粉互相潑灑。根據傳說對這個節慶的解釋,從前有一個惡魔叫作候力卡(Holika),每天都要吃一位小孩子。有一天,一位僧人建議所有的人聚集在一起,不斷地用言語辱罵惡魔。結果,候力卡因此羞憤而死。傳統上的候力節,人們會將社會地位置之一旁,彼此可以互相辱罵而免受懲罰。

## Punkuni Uttiram

獻給穆魯坎(Murukan)神的一種南部慶典。主要的節慶日有十天,舉行於三、四兩月之際,慶典期間從山上的帕拉尼(Palani)寺一直到山下,整條路都會有車隊的行列。這些對著神發願,特別是請求神祇治病的信徒們,將加入行列中。

# 發音指南

　　以下是已儘量簡化的發音指南，說明一般所接納的正確發音。音節以空格分開，而重音部分則以斜體字印刷。除下表列有明解釋的這些以外，其餘字母均以一般英語發音。

| | | | |
|---|---|---|---|
| a | fl*a*t | i | p*i*ty |
| ă | *a*bout (unaccented vowel) | ō | n*o* |
| ah | f*a*ther | oo | f*oo*d |
| ay | p*ay* | th, dh | boa*th*ouse, road*h*ouse |
| ee | s*ee* | bh | club*h*ouse |
| ī | h*i*gh | jna | ju*dg*e + ca*ny*on |

advaita: ăd *vī* tă

ahimsa: ă him *să*

Aranyaka: *ah* ran ya ka

arati: *ah* ră *tee*

ashrama: *ahsh* ră mă

atman: *aht* măn

avatara: ăv ă *tah* ră

bhajan: *bha* jăn

bhakti: *bhak* ti

Brahma: brah *mah*

Brahmana: *brah* mă nă

brahmin: *brah* min

camiyati: *sah* ̣mi *yah* dee

chakra: *chak* ră

darshan: *dahr* shan

deva: *day* vă

Devi: day *vee*

dharma: *dhar* mă

gunas: *goo* nă

Hindutva: hin *doo* twah

ishtadevata: ish tă day vă *tah*

jati: *jah* tee

jnana-yoga: *jnyah* nă *yō* gah

kali-yuga: *kah* lee yoo *gă*

karman: *kahr* măn

kirtan: *keer* tăn

kshatriya: *kshă* tree yă

mandala: man da la

mantra: *mahn* tră

maya: *mī* yah

moksha: *mok* shă

murti: *moor* ti

prakriti: pră *kri* tee

prasada: pră *sah* dă

puja: *poo* jah

Purana: poo *rah* nă

Purusha: poo *roo* shă

rishi: *ri* shee

sadhu: *sah* dhoo

samhita: săm hi *tah*

samsara: săm *sah* ră

samskara: săm *skah* ra

sannyasa: săn *yah* să

sannyasin: săn *yah* sin

Sati: să *tee*

shruti: shroo ti

shudra: *shoo* dră

smriti: smri ti

Tantra: *tan* tră

tirtha: *tir* thă

upanayana: oo pah *nī* ăn ă

Upanishad: oo pă nee shăd

vaishya: *vī* shyă

varna: var nă

varnashrama-dharma: var *nahsh* ră mă dahr mă

Veda: *vay* dă

vrata: *vrah* tă

yantra: *yan* tră

# 參考書目

## General Texts

GAVIN FLOOD, *An Introduction to Hinduism* (New York: Cambridge University Press, 1996)
>A clearly written, thorough overview of Hinduism utilizing the latest research.

JOHN STRATTON HAWLEY and MARK JUERGENSMEYER, *Songs of the Saints of India* (New York: Oxford University Press, 1988)
>An introduction to some of the poet-saints of medieval northern India.

KLAUS K. KLOSTERMAIER, *A Survey of Hinduism*, 2nd ed. (Albany: State University of New York Press, 1994)
>A topical treatment of Hinduism that shows the diversity within the religious tradition.

WENDY DONIGER O'FLAHERTY, *Hindu Myths: A Sourcebook Translated from the Sanskrit* (Baltimore: Penguin, 1975)
>A good sampling of Hindu mythology.

BENJAMIN ROWLAND, *Art and Architecture of India* (New York: Penguin Books, 1984)
>Overview of the art and architecture of South Asia.

CHANDRADHAR SHARMA, *Indian Philosophy: A Critical Survey* (New York: Barnes & Noble, Inc., 1962)
>A clear introduction to basic ideas in Indian philosophy.

J.A.B. VAN BUITENEN, tr. *The Bhagavadgita in the Mahabharata: A Bilingual Edition* (Chicago: University of Chicago Press, 1981)
>An English translation of the *Bhagavad Gita*.

## Living Hinduism

LAWRENCE BABB, *The Divine Hierarchy: Popular Hinduism in Central India* (New York: Columbia University Press, 1975)
>One of the first books to present Hinduism as lived in popular practices and daily life instead of ancient philosophy.

DIANA L. ECK, *Darsan: Seeing the Divine Image in India* (Pittsburgh: Anima Books, 1985)
>This small text beautifully explains the importance of vision as a medium of

interaction between deity and devotee in Hinduism.

C.J. FULLER, *The Camphor Flame: Popular Hinduism and Society in India* (Princeton: Princeton University Press, 1992)
An examination of popular Hinduism in relation to underlying understandings about the workings of the cosmos.

ANNE GRODZINS GOLD, *Fruitful Journeys: The Way of Rajasthani Pilgrims* (Berkeley: University of California Press, 1988)
A scholarly analysis of the practice of pilgrimage in north India.

DAVID L. HABERMAN, *Journey Through the Twelve Forests: An Encounter with Krishna* (New York: Oxford University Press, 1994)
A lively introduction to the mythology of Krishna in relation to the pilgrimage cycles of Vrindavan.

JOHN STRATTON HAWLEY and DONNA MARIE WULFF, eds, *Devi: Goddesses of India* (Berkeley: University of California Press, 1996)
An anthology exploring 12 different Hindu goddesses. The text combines textual analysis with fieldwork to reveal how goddesses are worshiped in daily life.

ANNE MACKENZIE PEARSON, *"Because it Gives Me Peace of Mind": Ritual Fasts in the Religious Life of Hindu Women* (Albany: State University of New York Press, 1996)
Excellent study of vratas focusing not only on practices but also on what they mean within women's lives.

## Issues in Modern Hinduism

LAWRENCE A. BABB, *Redemptive Encounters: Three Modern Styles in the Hindu Tradition* (Berkeley: University of California Press, 1986)
Discusses patterns of adaptation to the modern world through three distinct traditions.

PETER VAN DER VEER, *Religious Nationalism: Hindus and Muslims in India* (Berkeley: University of California Press, 1994)
Analysis of the connections between religion and nationalism in the modern world using the Hindus and Muslims of India as examples.

RAYMOND BRADY WILLIAMS, *Religions of Immigrants from India and Pakistan: New Threads in the American Tapestry* (Cambridge: Cambridge University Press, 1988)
A comprehensive study of the religious groups being formed by Indian and Pakistani immigrants to the United States.

KATHERINE K. YOUNG, "Women in Hinduism," in *Today's Woman in World Religions*, ed. by Arvind Sharma (Albany: State University of New York Press, 1994)
An overview of the status of women in Hindu religion and the issues affecting them in the late twentieth century.

# 中文索引

# 英文索引

creation 創生　36-8, 43, 57,
　60, 68

## — D —

darshan 觀視　19, 86, 90
death 死亡　34-5, 42, 104
deified human beings 供奉
　68, 94-5
destruction 毀滅　61-4
devas 女神，天神　33-4, 36,
　42, 88
Devi 戴維女神　59, 64-7, 87
Dharma 法，德性　23, 43-7, 52,
　53, 59-61, 94, 98-101, 111, 1
　20
Divali 祝燈節　67
domestie rites 家庭祭儀
　91-5, 98-101, 105, 136
drama，use of 戲劇　20-2, 56,
　108
Durga 杜爾加　64, 66

## — F —

festivals 慶典　104-9, 118
fire rituals 聖火祭儀　31,
　35-6, 85

## — G —

Ganesha 象頭神　67, 91, 105-
　6, 118
Ganga(river goddess )恆河女
　神　34
Ganges River 恆河　25, 29-30,

　63, 94, 100, 122
garbha-griha 胎房　86，88
geography 地理　23-4, 125-
　31, 142-4
ghosts 鬼　68, 94-5
gopurams 塔樓　85
grihya 家庭的　35
gunas 質性　43，61
gurus 上師　69-71, 95-6, 115,
　119, 134

## — H、I、J —

Hanuman 哈努曼　52，67
healers 治療師　96-7
Indian nationalism　印度民
　族主義　117-25
Indra 因陀羅　33, 35
ishtadecata 選擇的神　91
jatis 種性群　44-7
jnana-yoga 知識瑜珈　54,
　55-6, 74, 95
Jnaneshwar Maharaj 智納希
　瓦，馬哈拉吉　78

## — K —

Kabir 卡比爾　79, 117
Kali 黑女神　65, 87, 115, 119
Kali Yuga 黑暗時期　60-1
Kampan 卡潘　20
karma-yoga 行動瑜珈　54,
　55-6, 74
karman 業　41, 54, 66, 74
Krishna 黑天神，克里希納

宗教的世界3

# 印度教的世界
Hinduism

| | |
|---|---|
| 作者 | 西貝兒·夏塔克（Cybelle Shattuck ） |
| 譯者 | 楊玟寧 |
| 主編 | 王思迅 |
| 責任編輯 | 張海靜　潘永興　王文娟 |
| 封面設計 | 徐璽 |
| 電腦排版 | 冠典企業有限公司 |
| 發行人 | 郭重興 |
| 出版 | 貓頭鷹出版社股份有限公司 |
| 合作出版 | 世界宗教博物館發展基金會 |
| 發行 | 城邦文化事業股份有限公司 |
| | 台北市信義路二段213號11樓 |
| | 電話：(02)2396-5698 |
| | 傳眞：(02)2357-0954 |
| 郵撥帳號 | 1896600-4　城邦文化事業股份有限公司 |
| 香港發行 | 城邦(香港)出版集團 |
| | 電話：(852)2508-6231 |
| | 傳眞：(852)2578-9337 |
| 新馬發行 | 城邦(新馬)出版集團 |
| | 電話：(603)2060-833 |
| | 傳眞：(603)2060-633 |
| 印刷 | 成陽印刷股份有限公司 |
| 登記證 | 行政院新聞局局版北市業字第1727號 |
| 初版 | 1999年12月 |
| 定價 | 180元 |

國家圖書館出版品預行編目資料

印度教的世界／西貝兒‧夏塔兒（Cybelle
　Shattuck）著：楊玫寧譯　　初版　　臺北市
　：貓頭鷹出版：城邦文化發行，1999〔民88〕
　　　面；　　公分‧--（宗教的世界：3）
　參考書目：面
　含索引
　譯自：Hinduism
　ISBN 957-0337-42-7　　（平裝）

　1.印度教

274　　　　　　　　　　　　　　　　88017612